Spaziergang A

1. Beginn an der neobarocken **Friedhofskapelle**.

2. Den Hauptweg aufwärts vorbei am Feld für die Kriegsopfer sehen wir das Mausoleum des Pelz- und Fellhändlers **Paul Herpich**.

3. Am Ende der Gräberreihe befindet sich der Gedenkstein für **Claus Schenk von Stauffenberg** und die mit ihm ermordeten Widerstandskämpfer.

4. Davor erinnert eine Grabplatte an den Schriftsteller und Kunsthistoriker **Franz Theodor Kugler**.

5. Zwei Gräberreihen weiter befindet sich etwas versteckt der Grabstein von Christoph Josten, der als **Ovo Maltine** Kabarett für AIDS-Kranke und HIV-Infizierte aufführte.

6. An der Giebelwand sehen wir Wandmalereien, die an die ehemaligen Mausoleen erinnern. Davor der **Urnenhain**.

7. Weiter an der Wand entlang begegnen wir der Grabanlage des Historikers **Heinrich von Sybel**.

8. Etwas weiter finden wir ein verwaistes Wandgrab ohne Inschrift, das ursprünglich dem Bildhauer **August Julius Streichenberg** gehörte und nun auf eine Patenschaft wartet.

9. Das Grabmal des Arztes und linksliberalen Reformpolitikers **Rudolf Virchow** befindet sich am Ende des Feldes.

10. Schräg gegenüber sehen wir das Begräbnisfeld der **Diakonissen der Elisabeth-Klinik**.

11. Genau davor steht das Mausoleum des „Eisenbahnkönigs" **Bethel Henry Strousberg**.

12. Die bunten Devotionalien erinnern an die hier bestatteten **Sternenkinder**, die vor, während oder kurz nach der Geburt gestorben sind.

13. Die Grabsäule mit der Kopfskulptur gehört dem Pädagogen und Sozialpolitiker **Adolf Diesterweg**.

14. Der rot geränderte Grabstein wurde zu Ehren der Feministin **Hedwig Dohm** gestiftet.

15. Unweit steht der Grabstein von **Georg Büchmann**, dessen „Geflügelte Worte" seit rund 150 Jahren gedruckt werden.

16. In der Ecke finden wir das einstmals prächtige Grab des berühmten Malers **Gustav Richter**.

17. Rechts daneben liegt **Ferdinand Springer**, der den Wissenschaftsverlag Springer ausbaute.

18. Daneben ruht der Architekt **Alfred Messel**, der das berühmte Kaufhaus Wertheim schuf.

19. Zurück am Hauptweg steht das Mausoleum des Rittergutbesitzers Baron **Constantin von Gehring**, das vorbildlich restauriert wurde.

20. Die Grabanlage gegenüber mit Gruft und Zippus stammt vom preußischen Minister **August von der Heydt**.

21. Fast in der Mitte des Kirchhofs steht das Grabkreuz für Pastor **Carl Büchsel**, der 1856 die erste Beerdigung zelebrierte.

22. In der Mitte dieses Feldes liegt das Grab des Theologen und Historikers **Adolf von Harnack**.

23. Unweit davon fällt das einem Boxring nachempfundene Grab von **Graciano Rocchigiani** auf, der um die Weltmeisterschaft kämpfte – und verlor.

24. Dicht daneben liegt das Grab von **Rio Reiser**, dem legendären Sänger der Band „Ton Steine Scherben".

25. Am Ausgang können wir uns bei Kaffee, Kuchen oder einer Suppe im **café finovo** entspannen, erholen, plaudern und sinnieren.

Alter St.-Matthäus-Kirchhof Berlin-Schöneberg

Dietmar Strauch

mit Fotos von Lisa Vanovitch

Alter St.-Matthäus-Kirchhof Berlin-Schöneberg

Ein Spazier- und Lesebuch

edition progris

Berlin 2023

Inhalt

Ein Kirchhof für die Matthäus-Kirche

Der Alte St.-Matthäus-Kirchhof liegt zwar in Schöneberg, verdankt seine Existenz jedoch dem einstmals vornehmen Tiergartenviertel. Dort zwischen den Parkanlagen und dem Potsdamer Tor siedeln sich gut betuchte Berliner an, die Villen und Landhäuser außerhalb der Stadtmauern errichten, um der im wahrsten Sinne des Wortes stinkenden Großstadt zu entfliehen. Denn bis weit in das 19. Jahrhundert hinein verfügte Berlin über keinerlei Kanalisation.

Das Stadtviertel führte den Namen „Untere Friedrichsvorstadt" und im Volksmund die Bezeichnung „Millionärsviertel". Der Baedeker von 1878 lobt diese Gegend in höchsten Tönen:

> *Das von dem reicheren Theile der Bevölkerung bewohnte Westend*
> *[ist] einer der schönsten Stadttheile Berlins, der in seiner Eigen-*
> *art kaum seines Gleichen hat. Hier, vorzugsweise am Rande des*
> *Thiergartens und in den auf diesen mündenden Straßen ... finden*
> *sich am zahlreichsten jene städtischen, mit Vor- und Zwischengär-*
> *ten versehenen Villen, welche als die anziehendsten Leistungen der*
> *neueren Berliner Baukunst gelten können.*

Im Jahre 1843, als der Stadtteil so langsam aufblüht, beschließt der Kirchenbauverein die Gründung einer Kirche und leitet den Bau in die Wege. Der Kirchenbau wird vom damaligen preußischen König Friedrich Wilhelm IV. durch Übernahme des Patronats kräftig gefördert, dem Ober-Baurat und Architekten Friedrich August Stüler anvertraut und auf den Namen St.-Matthäus-Kirche getauft.

Am 17. Mai 1846 wird die Kirche, die man zwischen der Neuen Nationalgalerie und dem heutigen Kulturforum bewundern kann, von dem aus der Uckermark stammenden Prediger Carl Büchsel eingeweiht. Der Baugrund rings um die Kirche ist bereits knapp und äußerst teuer, so dass sich die Anlage eines Kirchhofs in unmittelbarer Nachbarschaft nicht realisieren lässt. Jedoch findet sich in zwei Kilometer Luftlinie entfernt an der Großgörschenstraße ein geeignetes Grundstück. Die Fläche mit rund 25.000 qm wird im Lauf der folgenden Jahre mehrmals erweitert und umfasst heute knapp 50.000 qm.

Zu Ostern 1856 weiht Carl Büchsel auch den Kirchhof ein und führt die erste Beerdigung durch. Bereits wenige Jahre später kann die in der Nicolaischen Verlagsbuchhandlung erschienene Publikation „Berliner Kirchhöfe" berichten:

> *Der Friedhof der zur St. Matthäus-Kirche gehörenden Gemeinde*
> *zieht sich auf dem hüglig ansteigenden Terrain bei Schöneberg,*
> *hart an der Potsdam-Magdeburger Eisenbahn, in die Höhe mit*
> *seinen schön gepflegten und glänzenden Denkmälern, unter denen*
> *Menschen ruhen, deren Wirken und Leben erst der jüngsten Ver-*
> *gangenheit gehörten.*

Vermögende Kaufleute, Wissenschaftler und höhere Beamte prägen das Viertel, die Kirche und den Kirchhof. Die besondere Atmosphäre spürt man deutlich in dem Gedicht von Theodor Fontane, wenn er sich über die soziale Distanz oder gar den Dünkel äußert, die die „Offiziellen" gegenüber einem vergleichsweise unbedeutenden Journalisten und Autor wie Fontane spüren lassen.

Fontane selbst lebt die letzten Jahrzehnte seines Lebens in der Potsdamer Straße 134 c (Haus existiert nicht mehr), also einen Katzensprung von der Matthäus-Kirche entfernt. Er orientiert sich aber als Hugenotten-Abkömmling zur Französischen Kirche am Gendarmenmarkt.

Theodor Fontane: Auf dem Matthäikirchhof

Alltags mit den Offiziellen
Weiß ich mich immer gut zu stellen,
Aber feiertags, was Fremdes sie haben,
Besonders wenn sie wen begraben,
Dann treten sie (drüber ist kaum zu streiten)
Mit einem Mal in die Feierlichkeiten.
Man ist nicht Null, nicht geradezu Luft,
Aber es gähnt doch eine Kluft,
Und das ist die Kunst, die Meisterschaft eben,
Dieser Kluft das rechte Maß zu geben.
Nicht zu breit und nicht zu schmal,
Sich flüchtig begegnen, ein-, zwei-, dreimal,
Und verbietet sich solch Vorüberschieben,
Dann ist der Gesprächsgang vorgeschrieben:
„Anheimelnder Kirchhof... beinah ein Garten...
Der Prediger läßt heute lange warten",
Oder: „Der Tote, hat er Erben?
Es ist erstaunlich, wie viele jetzt sterben."

Der Kirchhof wird im Kaiserreich geprägt von einer Grabkultur, die auch im Tode noch Wert auf Repräsentation legt. So entstehen zahlreiche künstlerisch gestaltete Wandgräber und Mausoleen mit Grüften, die längst nicht alle erhalten sind.

Nach dem Ersten Weltkrieg läuft die Zeit der prachtvollen Begräbnisse aus und auch die mit Trompeten bewaffneten Engel mit ihren pathetischen Gesten sind nicht mehr zeitgemäß. Die Gräber und Grabsteine werden zunehmend einfacher und bescheidener, auch nüchterner. Gefühle wie Trauer, Klage, Schmerz und Angst werden nur noch selten am Grab oder dessen Schmuck thematisiert.

Die NS-Zeit und den Krieg überlebt der Kirchhof ganz knapp

Die wahnwitzige Planung für die „Reichshauptstadt Germania", bei der Albert Speer als Generalbauinspektor 1937 alle Vollmachten erhält, führt zu zahlreichen Umbettungen von Gräbern auf dem Südwestkirchhof in Stahnsdorf. Mehr als 15.000 Grabanlagen von Schöneberger Friedhöfen, die der geplanten Nord-Süd-Achse im Wege stehen, werden verlegt, die meisten vom Alten St.-Matthäus-Kirchhof an der Großgörschenstraße. Weder die Kirchenverwaltung noch die Angehörigen können Einsprüche gegen Enteignung, Verlagerung oder Umbettung einlegen. Im Februar 1939 wird rund ein Drittel des Kirchhofs samt Kapelle entweiht und mit der Umbettung begonnen. Der Abriss der Kapelle sowie die Aufhebung des gesamten Friedhofs werden nicht mehr realisiert, da der Kriegsverlauf diese Vorhaben verhindert.

Es werden etwa 200 Erbbegräbnisse als Wandgräber, Mausoleen oder repräsentative frei stehende Grabanlagen in einem aufwendigen Verfahren verlagert. Zunächst wird kartiert, vermessen, abgebaut, dann mit der Bahn nach Stahnsdorf transportiert, auf einer eigens für diesen Zweck verlegten Schmalspurbahn

Neugestaltung von Berlin („Welthauptstadt Germania"), mit Blick von Süden über den Triumphbogen bis zur Großen Halle. Die Markierung zeigt den ungefähren Standort des St.-Matthäus-Kirchhofs auf dem Modell von 1939.

zum neuen Standort geschafft und schließlich neu errichtet. Diese Gräber befinden sich an der nördlichen Grenze des Kirchhofs Stahnsdorf unter der Bezeichnung „Alte Umbettung" in einer anderthalb Kilometer langen Reihe. Dazu zählen beispielsweise die Gräber von Ferdinand von Richthofen oder Gustav Langenscheidt.

In dem Bereich „Neue Umbettung" im südlichen Teil des Südwestkirchhofs liegen zahlreiche Wahl- und Reihengräber aus Schöneberg. Zudem sind in einem Sammelgrab rund 2700 Bestattete beigesetzt. Hier ist eine Lokalisierung einzelner Personen nicht mehr möglich.

Die Nachkriegszeit kennt keine Pietät

Die herben Verluste von etwa einem Drittel der Gräber werden dadurch gemildert, dass viele der kulturhistorisch wertvollen Mausoleen und Erbbegräbnisse auf dem Südwestkirchhof Stahnsdorf eine neue Heimat finden. Ansonsten halten sich die Kriegsschäden auf St. Matthäus in Grenzen. Luftangriffe und Kampfhandlungen richten vor allem in der Umgebung des Kirchhofs große Schäden an und fordern viele Opfer. So wird zum Kriegsende eine große Grube dazu verwendet, hunderte toter Anwohner und Soldaten notdürftig zu bestatten. Erst viele Jahre später wird das noch heute bestehende Kriegsgräberfeld neben der Kapelle angelegt.

In der unmittelbaren Nachkriegszeit hat die Friedhofsverwaltung es nicht leicht, den Betrieb einigermaßen ordnungsgemäß zu organisieren. Es mangelt an Personal, Baumschulen können keine Bepflanzung liefern, Metalldiebe demontieren zahlreiche Bronzebüsten, Gitter, Plaketten und Kupferrohre von den Mausoleen, um es zu Geld zu machen. Karl-Heinz Barthelmeus schildert in seinem lesenswerten Buch anschaulich, wie die Familie Richter sich einen über Jahre hinziehenden Kleinkrieg mit der Friedhofsverwaltung führt, um das Grab ihres Vaters Gustav Richter (siehe Station 16) in einen halbwegs würdigen Zustand zu versetzen.

Doch bleibt auch in den folgenden Jahrzehnten – eigentlich bis zum Ende des Jahrhunderts – vieles zu wünschen übrig. In den 1950er und 1960er Jahren werden viele wertvolle Erbbegräbnisse und Wandgräber abgeräumt und zahlreiche Gräber eingeebnet. Diese barbarische Vorgehensweise beginnt sich zu ändern, als Ende der 1970er Jahre ein neues Bewusstsein Einzug hält und erste Restaurierungen von Grabstellen erfolgen. 1998 wird das Patenschaftsmodell etabliert. Mit Hilfe der Paten, die als Gegenleistung für ihr mitunter kostspieliges Engagement das historische Grab später für sich oder ihre Familie nutzen können, sind inzwischen zahlreiche Grabanlagen instandgesetzt, restauriert und damit gerettet worden.

Eine neue Sepulkralkultur ist entstanden

Dank der toleranten Einstellung der damaligen Friedhofsverwaltung wird der Friedhof zusehends für Schwule, Lesben, Künstler und Menschen aus fremden Kulturen attraktiv und anziehend. Ende der 1980er Jahre steigt die Anzahl der HIV-Infektionen in Berlin auf einen Höhepunkt; da keine wirkungsvollen Therapien zur Verfügung standen, sterben immer mehr Menschen an AIDS und finden hier einen Platz für die letzte Ruhe. Im Jahr 2000 wird diese Tradition fortgesetzt. In diesem Jahr wird der Verein „Denk mal positHIV" gegründet, dessen Anliegen es ist, an Menschen, die an HIV und AIDS verstorben sind, mit einer Grabanlage und einem Denkmal zu gedenken (siehe Station 35).

Karl-Heinz Barthelmeus schreibt zu dieser Entwicklung:

*Gibt es eine schwule Trauerkultur? - Was für eine Frage? Na klar
gibt es die, so wie es eine schwule Lebensart und Szenekultur gibt.
In Schöneberg blickt diese Szenekultur auf eine jahrzehntelan-
ge Tradition zurück. Und wie das Sprichwort „Gleich zu Gleich
gesinnt sich gerne" lehrt, ist es völlig normal, daß viele Schwule
in der Nähe von Freunden und Gleichgesinnten beerdigt werden
wollen.*

Besondere Verdienste um die Erhaltung und Förderung der Friedhofs-
kultur erwirbt sich der Verein EFEU (Erhalten, Fördern, Entwickeln,
Unterstützen), der neben Führungen und Informationsveranstaltungen
mit vielfältigen Projekten Zeichen setzt (siehe www.efeu-ev.de). Dazu ge-
hören beispielsweise die Förderung von Grabpatenschaften, die Einwer-
bung von Sponsoren zur Restaurierung von kulturhistorisch wertvollen
Grabanlagen, die Einrichtung des „Garten der Sternkinder" (siehe Station 12), die Gestaltung von Ausstellungen und vieles mehr. Der Kirchhof
steht auch als Gartendenkmal unter besonderem Schutz.

Besonders beliebt bei Trauernden, Flaneuren und Besuchern aus aller Welt ist das Friedhofscafé finovo, in dessen Vorgarten man in himmlischer Ruhe Kaffee und selbstgebackenen Kuchen genießen kann oder
auch mal eine schmackhafte Suppe (siehe Station 25). Damit nicht genug:
Auf dem Gelände befinden sich einige Bienenstöcke, die nicht nur einen
Beitrag zum Umweltschutz leisten, sondern auch den Sankt-Matthäus-
Honig liefern.

Die Inschrift eines Grabsteins in der Nähe bringt es bestens zum Ausdruck: „Die Sonne scheint für alle."

Spaziergang A

1 Friedhofskapelle

1876 wird eine einfache Kapelle errichtet, die den Ansprüchen der Tiergartener Bürger bald nicht mehr entspricht. So kann das Schöneberger Tageblatt am 10. Juli 1906 auf der Titelseite melden:

Auf dem Alten Matthäikirchhof soll nun auch die alte Leichenhalle beseitigt und ein größere Halle, die 500 Leidtragenden Raum gewähren kann, errichtet werden. Sie soll mit Zentralheizung und elektrischem Licht ausgestattet werden.

In den Jahren 1907/1908 wird ein Zentralbau mit Kuppel in Barockbauweise errichtet. Die Bauleitung übt der Baurat Carl Tesenwitz (1860-1928) aus, der auf diesem Kirchhof auch sein eigenes Grab findet.

Architekt ist Gustav Werner (1859-1917), der sich als vielseitiger Kirchenarchitekt beweist. Er baut kurze Zeit später die Friedhofskapelle auf dem Südwestkirchhof Stahnsdorf, die als Holzbau nach dem Vorbild norwegischer Stabkirchen eine ganz andere Anmutung ausstrahlt. Auf dem Kapellenvorplatz in Stahnsdorf findet Werner sein Grab.

Sitzbank gestaltet von Kurt Kroner

2 Paul Herpich

geboren 18. Oktober 1869 Berlin
gestorben 9. Oktober 1923 Berlin

Luise Herpich

geboren 1872
gestorben 1954

Grablage: A-SE-067

Das bereits 1835 als kleines Pelzgeschäft gegründete Unternehmen entwickelte sich unter der Leitung von Paul Herpich zu einem der weltweit
führenden Anbieter von Pelzen und Fellen. Das Stammhaus in der Leipziger Straße beschäftigte zeitweilig rund 900 Mitarbeiter und verfügte

über 10.000 Quadratmeter Fläche für Produktion und Verkauf. Diverse Niederlassungen bis nach London und Paris unterstreichen die führende Position in der Branche.

Das einem dorischen Tempel nachempfundene Mausoleum ist anspruchsvoll gestaltet. Skulpturen im Inneren stammen von dem Bildhauer Kurt Kroner. Der mit vielen Bauwerken der Berliner U- und Hochbahn berühmt gewordene schwedische Architekt Alfred Grenander ist mutmaßlich Schöpfer des Mausoleums. Auf jeden Fall hat er die Villa der Familie Herpich in Neubabelsberg geschaffen.

Dieses Landhaus hat eine bewegte Geschichte. Als im Juli 1945 in Schloss Cecilienhof die Potsdamer Konferenz der „Großen Drei" Truman, Churchill und Stalin stattfindet, wird die Villa kurzerhand von den Sowjets beschlagnahmt und zur Residenz für Josef Stalin eingerichtet. Die Eigentümerwitwe Luise Herpich muss binnen weniger Stunden das Haus verlassen und kann nur einiges Handgepäck mitnehmen. Wie auch viele andere der Villenbesitzer in Potsdam und Umgebung verlässt sie die sowjetische Zone und flieht in den Westen. Ihre Versuche einer Rückübertragung des Hauses scheitern, statt dessen wird eine Stalin-Gedenkstätte eingerichtet. Die „Villa Herpich" heißt fortan zumindest im Volksmund „Stalin-Villa".

Luise Herpich wird schließlich 1954 auf St. Matthäus im Mausoleum ihres lange zuvor verstorbenen Mannes beigesetzt.

Die Firma der Herpich-Familie kann nach dem Krieg nicht mehr an die große Zeit und die großen Erfolge anknüpfen. Immerhin: Erst im Jahre 2001 wird sie endgültig aus dem Handelsregister gelöscht.

ZUM GEDENKEN
AN DEN
20. JULI 1944

AN DIESER STELLE WURDEN
CLAUS SCHENK GRAF
VON STAUFFENBERG
LUDWIG BECK
FRIEDRICH OLBRICHT
ALBRECHT MERTZ
VON QUIRNHEIM
WERNER VON HAEFTEN
BEGRABEN · DANN WURDEN
IHRE LEICHNAME AN EINEN UN-
BEKANNTEN ORT VERBRACHT

3 Claus Schenk von Stauffenberg

geboren 15. November 1907 Schloss Jettingen
gestorben 21. Juli 1944 Berlin
Grablage: A-S-41/42

Claus Schenk Graf von Stauffenberg ist einer der Hauptakteure des militärischen Widerstands gegen Adolf Hitler. Er verübt das gescheiterte Attentat vom 20. Juli 1944 und organisiert den anschließenden Staatsstreich, der gleichfalls misslingt. Seine moralische Einstellung angesichts der brutalen und verbrecherischen Besatzungspolitik der deutschen Armee sowie die sich anbahnende militärische Katastrophe lassen ihn zum entschiedenen Gegner des Regimes werden. Die ganze Last des Attentats liegt auf ihm und der Umsturz scheitert auch an der zögerlichen Haltung vieler Generäle.

Wäre das Attentat gelungen, hätte sich die Zahl der Toten des Zweiten Weltkriegs möglicherweise halbiert, wären zahllose Juden gerettet worden und viele deutsche Städte vom Bombenhagel verschont geblieben.

Eine Schlüsselrolle beim Scheitern des Umsturzplanes nimmt General Fritz Fromm ein. Der in Berlin im Bendlerblock residierende Befehlshaber wichtiger Heeresteile wird von Stauffenberg am Nachmittag des 20. Juli gedrängt, den Notfallplan auszurufen, der mit den eingeweihten Militärs und Verschwörern das Signal zum Staatsstreich ist. Als sich dieser weigert, wird er von Stauffenberg kurzerhand festgesetzt.

Das Blatt wendet sich, als gegen 20 Uhr immer klarer wird, dass Hitler nur leicht verletzt überlebt hat. Das Wachbataillon Berlin ist alarmiert, besetzt den Bendlerblock und befreit General Fromm.

Stauffenberg, der aufgrund einer Kriegsverletzung nur eine linke Hand mit drei Fingern hat, schießt bei dem Handgemenge zwar mühselig mit seiner Pistole, hat aber keine Chance und wird nun seinerseits mit seinen Mitstreitern festgenommen.

General Fromm ist nun in einer misslichen Lage. Er gehört zwar wohl nicht zum Kreis der Verschwörer, hat sie aber offenbar geduldet und weiß vieles, das er hätte melden müssen. Um diesen Hintergrund zu verwischen, ruft er eilig ein Standgericht ein, das sofort ein Todesurteil fällt. Stauffenberg und die anderen vier Verschwörer werden im Hof des Bendlerblocks erschossen, und zwar „im Namen des Führers".

Allerdings nützt ihm dies langfristig nichts. Fromm wird später vom Volksgerichtshof zum Tode verurteilt und ebenfalls hingerichtet.

Ein Lastwagen holt am frühen Morgen des 21. Juli die erschossenen Verschwörer ab und fährt sie zum nahe gelegenen Kirchhof der Matthäi-Kirche. Dieser Kirchhof ist wegen der Planungen zur „Welthauptstadt Germania" teilweise geräumt. In aller Heimlichkeit werden hinter einem Bretterzaun die Opfer mehr verscharrt als begraben.

Am nächsten Morgen werden die Leichen von SS-Männern wieder ausgegraben und fortgeschafft. Über deren Verbleib haben wir nur die Äußerung des „Reichsführers der SS" Heinrich Himmler:

Ich habe den Befehl gegeben, dass die Leichen verbrannt wurden und die Asche in die Felder gestreut wurde.

An der gleichen Stelle auf dem Alten St.-Matthäus-Kirchhof werden auch seine Mitstreiter bestattet: Ludwig Beck (General), Friedrich Olbricht (General), Albrecht Mertz von Quirnheim und Werner von Haeften (Adjutant Stauffenbergs).

Ludwig Beck „erlaubt" man, sich das Leben zu nehmen; als er sich mit zwei Schüssen aus seiner Pistole nur verletzt, lässt ihn General Fromm von einem Feldwebel erschießen.

Hitler und Mussolini besichtigen die Zerstörungen nach dem missglückten Attentat

4 Franz Theodor Kugler

geboren 18. Januar 1808 Stettin
gestorben 18. März 1858 Berlin
Grablage: A-SE-052C

Kugler schrieb das Lied „An der Saale hellem Strande", das so eine Art Hymne von Halle und Umgebung geworden ist. Die erste Strophe lautet:

> *An der Saale hellem Strande*
> *Stehen Burgen stolz und kühn.*
> *Ihre Dächer sind gefallen,*
> *Und der Wind streicht durch die Hallen,*
> *Wolken ziehen drüber hin.*

Er machte sich jedoch als Historiker, Kunsthistoriker und Schriftsteller einen Namen, zumal seine „Geschichte Friedrichs des Großen" ein bis heute anhaltender Erfolg wurde. Beigetragen haben zu seinem Ruhm sicher auch die Illustrationen seines Freundes Adolph Menzel.

Seine „Geschichte der Malerei" sowie sein bahnbrechendes „Handbuch der Kunstgeschichte" weisen ihn als einen bedeutenden Kunsthistoriker aus. Er gehörte ab 1848 der literarischen Vereinigung „Tunnel über der Spree" an, gemeinsam mit Theodor Fontane, der ihm sehr zugetan war.

5   Ovo Maltine (Christoph Josten)

geboren 16. April 1966 Rech an der Ahr
gestorben 8. Februar 2005 Berlin
Grablage: A-SE-12/13

Ovo Maltine war aktiv als Polit- und Kabarett-Tunte, setzte sich für AIDS-Betroffene ein und performte in Bühnenshows mit beispielsweise den „Schwestern der Perpetuellen Indulgenz".

Er wollte gerne mit „das Ovo" angeredet werden, um die Frage zu erübrigen, ob er sich als „Er" oder „Sie" fühlt.

Er fand sein Grab in einem historischen Erbbegräbnis, für das er bereits Jahre vor seinem Tod eine Patenschaft übernommen hatte. Der Weg zum Grabstein ist in Form einer „Roten Schleife" angelegt, dem Zeichen der Solidarität mit HIV-Infizierten und AIDS-Kranken.

6 Urnenhain

Feld G

Auf den Fassaden an der Ostseite des Kirchhofs wurden im Jahre 2007 Schattenrisse von ehemals hier stehenden Wandgräbern aufgetragen. Die Gräber wurden ab 1939 abgetragen und zum Südwestkirchhof Stahnsdorf transloziert. Das Projekt wurde vom EFEU e.V. initiiert und von Studenten der Kunstschule Weißensee geschaffen.

Weiter nördlich fast am Ende des Geländes ist in ähnlicher Art die Ansicht des Mausoleums der Familie Langenscheidt zu sehen. Daneben steht ein Gedenkstein mit folgender Inschrift:

1939 wurde der untere Teil des Kirchhofes im Zusammenhang mit der damaligen Reichs-Hauptstadtplanung eingeebnet. Die hier ehemals vorhandenen Grabstätten und Mausoleen wurden zum Südwest-Kirchhof in Stahnsdorf/Potsdam verlegt. Dieser Gedenkstein wurde etwa auf dem früheren Standort des Mausoleums Langenscheidt errichtet. März 1994

Das Areal vor den Wandmalereien wird für die Beisetzung von Urnen genutzt. An der Friedhofsmauer sind Glasscheiben befestigt, auf denen die Namen der Verstorbenen eingraviert sind.

Unser Leben, wenn es Arbeit gewesen,
so ist es köstlich gewesen.

Heinrich Karl Ludolf von Sybel
Mitglied der Akademie der Wissenschaften
geb. Düsseldorf den 2. December 1817
gest. in Marburg am 1. August 1895

7 Heinrich Sybel, später von Sybel

geboren 2. Dezember 1817 Düsseldorf
gestorben 1. August 1895 Marburg
Grablage: H-OE-1/2

Sybel gehörte zu der Garde von Historikern um Leopold von Ranke, die in dessen Nachfolge zu den Geschichtsschreibern der Reichsgründung von 1871 gehörte. Er ist einer der Mitgründer der modernen Geschichtswissenschaft und etablierte diese an den Universitäten und als Schulfach.

Auch als Politiker – mal gegen Bismarck, später für ihn – erhob er seine Stimme in mehreren Parlamenten Preußens und des Norddeutschen Bundes. Er trat für die Liberalen an, ist aus heutiger Sicht aber eher als konservativer Knochen einzustufen: Er positionierte sich gegen das allgemeine Wahlrecht, gegen das Studium von Frauen an Universitäten, ja gegen die Volkssouveränität überhaupt. Aber dies sind genau die Positionen, die im Kaiserreich von offizieller Seite unterstützt wurden und das Geschichtsbild weiter Bevölkerungskreise prägten.

Sein Geschichtsbild legte Sybel in sieben Bänden nieder, die den Titel trugen: „Die Begründung des Deutschen Reiches durch Wilhelm I."

Die Porträtreliefs des Ehepaares Sybel auf ihrem Grabstein schuf Fritz Schaper, von dem es jede Menge Kunstwerke zu sehen gibt, unter anderem das Goethe-Denkmal im Großen Tiergarten.

8 August Julius Streichenberg

geboren 5. Februar 1814 Angermünde
gestorben 10. Januar 1878 Berlin
Grablage: H-OE-14/15

Von dem Bildhauer und Professor an der Berliner Kunstakademie, von dem noch Kunstwerke in Sanssouci und weiteren Schlossgärten zu betrachten sind, gibt es zwar diese Grabwand, jedoch ohne Hinweis auf den ursprünglichen Bestatteten. Das ist kein Einzelfall, denn vom Verfall bedrohte Grabstätten oder Grabsteine werden auf diese Art zumindest gerettet.

In diesem Falle ist dies Verfahren allerdings schon etwas bedauerlich, da sein sepulkrales Hauptwerk sich genau auf diesem Friedhof befindet. Es ist auch ein ganz besonderes, nämlich das älteste erhaltene Grabmal des Kirchhofs für den jungen Ferdinand Streichenberg-Scharmer (siehe Station 44).

Es bleibt zu wünschen, dass sich für dieses Grab ein Pate findet, der wenigstens einen kleinen Hinweis auf den ehemaligen Grabeigner gibt.

9 Rudolf Virchow

geboren 13. Oktober 1821 Schivelbein (Pommern)
gestorben 5. September 1902 Berlin
Grablage: H-S-12/13

Rudolf Ludwig Karl Virchow ist bekannt als Arzt an der Berliner Charité, Begründer der Pathologie und linksliberaler Reformpolitiker. Er ist Mitgründer der Deutschen Fortschrittspartei, Abgeordneter im Preußischen Landtag sowie von 1880 bis 1893 im Reichstag. Berlin verdankt ihm viel. Er kämpft sein Leben lang gegen menschenunwürdige Lebensbedingungen und macht sich um die Kanalisation, kommunale Krankenhäuser, Markthallen und Schlachthöfe verdient. Sein Motto: „Die Medizin ist eine soziale Wissenschaft, und die Politik ist nichts weiter als Medizin im Großen."

Weniger bekannt ist er als Museumsgründer. Während der Ausbau des pathologisch-anatomischen Kabinetts an der Charité zu einem medizinischen Museum innerhalb seiner beruflichen Sphäre liegt, gelten seine besonderen Vorlieben der Anthropologie, Ethnologie und Archäologie.

Er fördert die Ausgrabungen Heinrich Schliemanns in Troja und gründet die „Berliner Gesellschaft für Anthropologie, Ethnologie und Urgeschichte", die von Kaiser Wilhelm I. unterstützt wird. Bei der Gründung des Märkischen Museums ist er ebenfalls maßgeblich beteiligt, wird Mitglied des Direktorats und lässt sich gerne mit einem munteren Gedicht ehren:

Wenn uns Virchow ruft mit Macht,
Buddeln wir selbst in der Nacht,
Buddeln wir durch dick und dünn
Bis zur Erde Zentrum hin.

Besondere Verdienste erwirbt sich Virchow bei der Popularisierung der Volkskunde, einer wissenschaftlichen Disziplin, die noch nicht etabliert ist und sich auch nur langsam durchsetzen wird. Vielen Menschen ist es – wie heute – ein Bedürfnis, die vergangene Lebenswelt ihrer Vorfahren in vorindustrieller Zeit zu erkunden. Das Leben von Bauern und Handwerkern mit ihren Trachten, Häusern, Küchengeräten, Möbeln und ihrer Kunst, ihren Sitten, Gebräuchen und ihrem Glauben soll dokumentiert werden. 1889 ist es soweit: Virchow kann das neu gegründete „Museum für Volkstrachten und Erzeugnisse des Hausgewerbes" in der Klosterstraße in Berlin vorstellen.

Diese von Virchow gegründeten Museen sind vorwiegend private und nicht königliche Museen, die die Förderung durch staatliche Einrichtungen erst erkämpfen müssen; und sie sind Museen, die sich nicht in erster Linie der „hohen" Kunst, sondern dem Leben und der Wissenschaft verpflichtet fühlen. Kritikern, die das Volkskundliche profan finden, pflegt Virchow zu antworten: „Niemand kann sagen, wo die Kunst beginnt und wo die Arbeit des täglichen Lebens endet."

Es ist kein Wunder, dass die beiden führenden Manager der Museumswelt in Berlin – Wilhelm von Bode und Rudolf Virchow – sich nicht so recht ausstehen können. Bode ist zutiefst konservativ, Virchow liberal und demokratisch, das ergibt Spannungen. Der sonst so vornehme Bode beschimpft Virchows Märkisches Museum als „Rumpelkammer" und verhöhnt „Stadträte und andere Bureaukraten", die Leiter von Museen sein wollen.

10 Diakonissen der Elisabeth-Klinik

Feld I-U-001/023

Die Evangelische Elisabeth-Klinik – gegründet 1837 von Pastor Johannes Gossner – war das erste evangelische Krankenhaus in Berlin und ist nach der Charité das zweitälteste Krankenhaus der Stadt. Es befindet sich in der Lützowstraße 26 und stellt eine grüne Oase der Ruhe mitten im Trubel der Großstadt dar.

Die wechselvolle Geschichte der Diakonissen beginnt im Jahre 1836 in Kaiserswerth und breitete sich schnell in ganz Deutschland aus. 1909 waren es bereits 81 Mutterhäuser mit mehr als 18.000 Diakonissen.

In diesen Einrichtungen wurden und werden evangelische Frauen in der Krankenpflege ausgebildet, „die bewusst in der Nachfolge Jesu stehen und in seinem Namen hilfebedürftigen Menschen dienen wollen", wie es in der Satzung des Dachverbandes heißt.

Die ersten Patienten, die von Diakonissen der Evangelischen Elisabeth Klinik gepflegt wurden, waren verwundete Soldaten aus dem Preußisch-Österreichischen Krieg von 1866.

Pastor Carl Büchsel (siehe Station 21) leitete neben seiner Funktion in der St.-Matthäus-Kirche auch das Elisabeth-Krankenhaus und erwarb sich großes Ansehen im Dienst der Diakonie.

Heute vertritt das Diakonische Werk Berlin-Brandenburg-schlesische Oberlausitz (DWBO) die sozialen Einrichtungen und Bildungs- und Gesundheitsdienste der evangelischen Kirchen in Berlin, Brandenburg und der schlesischen Oberlausitz. Der Verband vertritt rund 400 selbstständige Träger der Diakonie mit mehr als 1.300 Einrichtungen und 52.000 Beschäftigten.

Postkarte von 1915

11 Bethel Henry Strousberg

geboren 20. November 1823 Neidenburg (Masuren)
gestorben 31. Mai 1884 Berlin
Grablage: I-OE-005

„Glanz und Elend". Wenn dieses Klischee auf einen Unternehmer des 19. Jahrhunderts zutrifft, dann auf den „Eisenbahnkönig" Strousberg. Ein weiteres Klischee, das gern für ihn verwendet wird, ist „schillernde oder auch windige Persönlichkeit". Schon das Spiel mit seinem Namen ist verdächtig: Als Baruch Hirsch Strausberg in Ostpreußen in einfachen Verhältnissen geboren, deutschte er den Namen in Barthel Heinrich Strausberg ein, ging nach London, um seine erste Karriere als Bethel Henry Strousberg zu starten und Mary Ann Swan zu heiraten. Er veruntreute Gelder, musste drei Monate ins Gefängnis und zog sich 1854 wieder nach Berlin zurück.

Und hier ging es steil aufwärts. 1865 baute er die erste Eisenbahnlinie von Insterburg nach Tilsit; kurz darauf die ostpreußische Südbahn, dann Berlin-Görlitz usw. Letztlich baute er diverse Linien mit 1700 Kilometern in Preußen, in Ungarn und Rumänien. Auf dem Höhepunkt seines Schaffens meinte Friedrich Engels zu seinem Mitstreiter Marx:

Der größte Mann in Deutschland ist unbedingt der Strousberg. Der Kerl wird nächstens deutscher Kaiser. Überall, wo man hinkommt, spricht alles nur von Strousberg.

Allerdings hatte sein „System Strousberg" einen Schönheitsfehler. Er finanzierte seine Projekte mit der Ausgabe von Aktien, die allerdings überhöhte Preise hatten. Das kommt einem bekannt vor: Auch heute werden ständig Projekte mit ungedeckten Wertpapieren bei wilden Börsenspekulationen angeschoben.

Dieses berühmte Gemälde von Ludwig Knaus steht für den Glanz dieses Mannes auf dem Höhepunkt seiner Karriere (rechts stehend Sohn Arthur). Es schmückte sein Haus der Superlative in der Wilhelmstraße 70 in der Nähe des Brandenburger Tores, das später in Zeiten des Elends von der Britischen Botschaft erworben wurde.

Ab 1873 ging es dann abwärts. Zunächst gab es eine familiäre Katastrophe, denn sein zweitältester Sohn Arthur Strousberg (1850-1873) starb im zarten Alter von 23 Jahren an „Schwindsucht", wie man damals die Tuberkulose bezeichnete. Für ihn ließ er das Familienmausoleum auf St. Matthäus errichten.

Gleichzeitig hielt der Liberale Eduard Lasker im Reichstag eine Anklagerede gegen „Gründerwahn, Aktienschwindel und das System Strousberg" und sparte dabei auch nicht mit antisemitischen Ressentiments.

Ob nun missgünstige Konkurrenten ihn ins Messer laufen ließen oder er es mit Betrug und Bestechung überzogen hat, spielte letztlich keine Rolle mehr. Die Pleite war komplett.

Als Reinhold Begas, der berühmte Schöpfer des Neptunbrunnens (heute vor dem Roten Rathaus) das Honorar für das Grabmal des Sohnes kassieren will, ist Strousberg zahlungsunfähig. Es häufen sich Forderungen der Gläubiger in Millionenhöhe, selbst das Mausoleum muss verpfändet werden.

Das Elend ist schließlich vollkommen. Er verbringt seine letzte Lebenszeit in der Mansarde seiner ehemaligen Köchin. Seine 1882 verstorbene Frau Mary Ann wird von ihrem letzten Domizil in London nach Berlin überführt und im Mausoleum beigesetzt, so wie er selbst zwei Jahre später.

Das Grabmal für den Sohn Arthur kommt jedoch nie nach Schöneberg, sondern hat eine kuriose weitere Geschichte. Reinhold Begas lässt es 24 Jahre nach dem Entwurf auf eigene Kosten in Bronze ausführen, zeigt es auf der Weltausstellung in Paris und wird mit einem Grand Prix ausgezeichnet.

Die prächtige Skulptur mit der trauernden Mutter und dem toten Sohn wird später von der Stadt Berlin gekauft und auf dem Friedhof Reinickendorf aufgestellt und mit einer schützenden Klinkerhalle versehen. So kann man es dort auch heute noch als Stätte der Andacht inmitten eines Feldes mit hunderten von Kriegsgräbern wahrnehmen. Etwas seltsam mutet es freilich an, dass an dem Kunstwerk keine Hinweise gegeben werden – weder auf den Künstler, noch auf den Verstorbenen, noch auf den Hintergrund der Geschichte.

Grabmal von Arthur Strousberg in Reinickendorf

41

12 Garten der Sternenkinder

Feld I und Feld K

Als Sternenkind oder auch Engelskind werden Kinder bezeichnet, die vor, während oder kurz nach der Geburt gestorben sind.

Die Rechtslage ist kompliziert und von Bundesland zu Bundesland unterschiedlich. Kinder, die ohne Lebenszeichen geboren sind, sind nicht bestattungsfähig. Die Eltern haben aber ein Bestattungsrecht und dürfen ihr Sternenkind bestatten, wie sie wollen. Totgeburten sind jedoch unter bestimmten Umständen bestattungspflichtig und müssen von den Eltern kostenpflichtig beigesetzt werden.

Lebend geborene Kinder, die kurz nach der Geburt sterben, unterscheiden sich in dieser Hinsicht nicht von Erwachsenen. Ab 2001 gilt international der 15. Oktober als „Tag der Sternenkinder".

Beratungs- und Hilfsangebote werden von vielen Ehrenamtlichen angeboten. Wer sich informieren möchte, findet Ansprechpartner in Geburtskliniken, bei Hebammen und speziellen Selbsthilfegruppen.

13 Adolf Diesterweg

geboren 29. Oktober 1790 Siegen
gestorben 7. Juli 1866 Berlin
Grablage: I-S-001/002

Obwohl der Pädagoge und dessen Tätigkeit schon mehr als 150 Jahre zurückliegen, ist er nach wie vor in der Öffentlichkeit erstaunlich präsent. Es gibt diverse Denkmäler und Gedenksteine für ihn, sein Konterfei schmückt so manche Briefmarke und in vielen Städten existieren Diesterweg-Schulen. Und vielen etwas älteren Lesern werden auch noch die Schulbücher des Verlages Moritz Diesterweg in Erinnerung sein.

Seine Verdienste liegen neben seiner umfangreichen praktischen Tätigkeit in seinem sozialpolitischen Engagement. Er forderte und förderte in der Schulpolitik eine Position, die sehr liberal war und sich sowohl gegen kirchlichen als auch politischen Einfluss richtete. Damit trug er viel dazu bei, dass der Lehrerberuf professionalisiert wurde. Die Zeiten, als Geistliche oder ausgediente Soldaten Lehrer wurden, gingen damit langsam zu Ende.

Sein Bekanntheitsgrad mag auch damit zusammenhängen, dass Diesterweg ungewöhnlich aktiv beim Schreiben war. Er veröffentlichte mehr als 50 Bücher und schrieb mehr als 400 Aufsätze in Fachzeitschriften.

"DIE MENSCHENRECHTE HABEN KEIN GESCHLECHT"

14 Hedwig Dohm

geboren 20. September 1831 Berlin
gestorben 1. Juni 1919 Berlin
Grablage: K-010-007

Sie stand mitten im Leben, zog selbst fünf Kinder auf und erstritt sich die damals unübliche oder gar unmögliche Ausbildung zur Lehrerin.

Berühmt geworden ist sie jedoch als Vordenkerin des Feminismus. Sie vertrat erstaunlich weitreichende Positionen und führte die Ungleichheit zwischen Frauen und Männern auf die ökonomische Ungleichheit zurück, nicht wie damals üblich auf biologische Gründe.

Zudem ist sie als Schriftstellerin produktiv und erfolgreich. In ihrem Buch „Die Antifeministen" von 1902 entlarvt sie die Meinungsmacher als Verteidiger ihrer dümmlichen Vorurteile.

Die Zeitschrift „Emma" schreibt zu dieser außergewöhnlichen Frau:

Zu ihren Lebzeiten war sie berühmt und berüchtigt. In ihren frühen Jahren wurde sie hart bekämpft, in ihren späten tief verehrt. Sie war die Radikalste und Brillanteste unter den historischen Frauenrechtlerinnen. Ihre Forderungen aus dem 19. Jahrhundert klingen auch im 21. Jahrhundert noch kühn. So erklärte sie das

Geschlecht schlicht zur „Privatsache", Frauen wie Männer wären
für sie einfach „Ganzmenschen" und das Gerede vom unentbehrli-
chen Mütterlein nichts als Kitsch. Ihr Verstand war messerscharf,
die Ironie ihre schärfste Waffe und ihre Unkorrumpierbarkeit ihr
bester Schutz. Zeit, wieder mehr Hedwig Dohm zu lesen – und zu
leben.

Im Jahre 2007 stiftete der Journalistinnenbund einen neuen Grabstein und ließ ein Zitat von ihr eingravieren: „Die Menschenrechte haben kein Geschlecht."

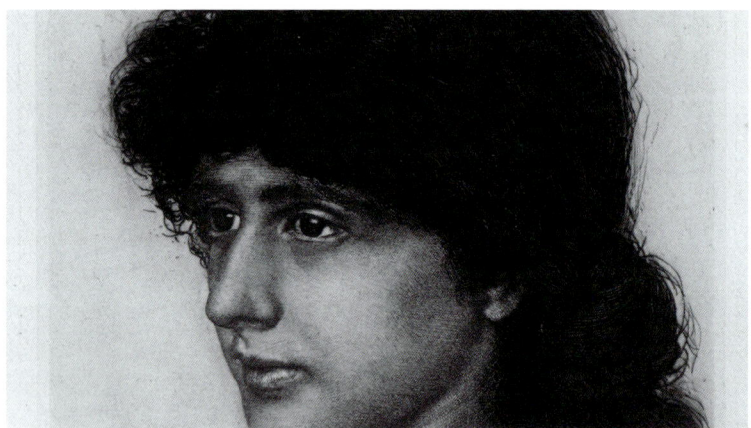

Hedwig Dohm, Radierung von Karl Stauffer-Bern, 1896

15 Georg Büchmann

geboren 4. Januar 1822 Berlin
gestorben 24. Februar 1884 Berlin
Grablage: K-007-020

Der Philologe und Sprachlehrer gab 1864 unter dem Titel „Der Citaten-schatz des Deutschen Volkes" erstmals sein Buch heraus, das dann unter dem Titel „Geflügelte Worte" weltberühmt wurde.

Er erweiterte es von Auflage zu Auflage um die antiken Sprachen und alle Weltsprachen. Bis zu seinem Tode erlebte er 14 Auflagen und danach ging es munter weiter. Die aktuelle Auflage trägt die Nummer 43 und stammt aus dem Jahre 2003 (2007 Taschenbuch).

Es gab Zeiten, in denen „Der Büchmann" in keinem bürgerlichen Haushalt fehlen durfte. Man konnte damit geschickt Bildung vorgaukeln, auch wenn sie nicht auf sicheren Füßen stand. Das gilt insbesondere für die lateinischen Zitate, die bis heute sehr beliebt sind. Somit wurde der Verfasser selbt zu einem geflügelten Wort – „dem Büchmann".

Ein Zitat schmückt stan-
desgemäß seinen Grabstein.
Die Inschrift lautet: ΣΚΙΑΣ
ΟΝΑΡ ΑΝΘΡΩΠΟΙ (Skiās onar
anthrōpoi).

Das ist ein Zitat aus einer Ode des altgriechischen Dichters Pindar, die
um 500 bis 450 v. Chr. entstanden ist. Zu deutsch lautet der Vers „Eines
Schattens Traum sind die Menschen."

Eine harte Nuss für Interpreten und Traumdeuter!

16 Gustav Richter

geboren 3. August 1823 Berlin
gestorben 3. April 1884 Berlin
Grablage: K-OE-049/052

Er ist heute nahezu vergessen, war aber zu seiner Zeit durchaus berühmt und wurde mit Adolph Menzel auf eine Stufe als Maler gestellt. Er malte Riesengemälde von historischen Szenen und vor allem Porträts im Kreise der Aristokratie und des reichen Bürgertums. Er malte sie alle: Kaiser Wilhelm I., Kaiserin Augusta, Zar Alexander II. oder Nikolaus II. und viele andere gekrönte Häupter.

Theodor Fontane äußerte sich beinahe jährlich zu dem Maler, da dieser immer auf den Berliner Kunstausstellungen prominent vertreten war und Fontane darüber berichtete oder zumindest in Briefen darauf Bezug nahm. Er kann sich etwas Spott nicht verkneifen, wenn er 1860 schreibt: „Er hat fünf Bilder auf der Ausstellung, versteht sich, Prinzen und Prinzessinnen, als Minimum das Porträt einer Gräfin." Und zwölf Jahre später:

49

Eins seiner berühmtesten Gemälde: Königin Luise

„Gustav Richters großes Bild empfängt uns wie ein Siegestor und führt uns, wie im Triumphe, in die glänzenden Säle der Ausstellung ein.“

Im fortgeschrittenen Alter heiratet er 1860 die 19 Jahre jüngere Cornelia Meyerbeer, wird also Schwiegersohn des zu dem Zeitpunkt allerdings bereits verstorbenen Komponisten Giacomo Meyerbeer. Seine Frau spielt später als Witwe eine gesellschaftlich bedeutende Rolle in Berlin als Salonnière.

Die Grabanlage für Gustav Richter muss beeindruckend gewesen sein; heute ist nur noch ein schwacher Abglanz zu bestaunen. Die Bronzebüste ist aus Furcht vor Metalldieben durch eine Replik aus Betonguss ersetzt. Immerhin ist das kunstvolle Grabgitter im Jahre 2014 erneuert worden.

17 Ferdinand Springer senior

geboren 21. Juli 1846 Berlin
gestorben 27. Dezember 1906 Berlin
Grablage: K-SE-005/008

„Springer Science+Business Media" ist ein gigantischer Medienkonzern in 25 Ländern mit 55 Einzelverlagen und 8500 Mitarbeitern, davon 300 in Berlin. Spezialisiert ist der Konzern vor allem auf Fachliteratur der Gebiete Wissenschaft, Technik und Medizin. Rund 8000 Bücher pro Jahr und die Redaktion von 2200 Fachzeitschriften werden dort produziert. Nicht zu verwechseln mit dem Axel Springer Konzern, der mit diesem Springer nicht verwandt ist und für das breite Publikum publiziert.

Begonnen hat alles 1842 mit einer Buchhandlung, die Julius Springer gründete und schnell zu einem Verlag ausbaute. Dessen Sohn Ferdinand und die weiteren Söhne und Enkel bauten den Verlag aus; 150 Jahre blieb das Unternehmen in Familienbesitz.

Als Zugpferd erwies sich Werner von Siemens, dessen zahlreiche Schriften und Bücher von Ferdinand Springer publiziert wurden.

Dieses prächtige Landhaus am Großen Wannsee baute Alfred Messel für Ferdinand Springer; deren Gräber liegen fast nebeneinander. Das Landesdenkmalamt Berlin stuft dieses Haus als „Ikone der Berliner Landhäuser" ein.

Das imposante Grab hat im Laufe der Zeit viel von seinem Bildreichtum verloren, das Grabgitter wurde allerdings durch den Verlag erneuert.

Wannsee-Villa von Ferdinand Springer

18 Alfred Messel

geboren 22. Juli 1853 Darmstadt
gestorben 24. März 1909 Berlin
Grablage: K-SE-016/019

Der Architekt Alfred Messel verstand es vorbildhaft, historische Motive in seinen der Moderne verpflichteten Bauten zu integrieren. Er entwarf Villen, Geschäftshäuser sowie Mietshäuser im Reformwohnungsbau.

Bekannt und berühmt wurde er vor allem durch seine Bauten für Warenhäuser der Firma Wertheim. Das zwischen 1896 und 1906 in mehreren Bauabschnitten errichtete Warenhaus in der Leipziger Straße war nicht nur mit mehr als 100.000 Quadratmeter Nutzfläche das größte in Europa, sondern galt als perfekter Ausdruck des Großstadtgefühls. Namhafte Architekten und Kritiker überschlugen sich beinahe vor Begeisterung. Insbesondere die klare und nüchterne Fassade sowie die elegante Inneneinrichtung haben beeindruckt.

Das Kaufhaus Wertheim am Leipziger Platz

Foto: Waldemar Titzenthaler

Eine Zeitung berichtet:

Langsam nähern sich am 23. Januar 1910 drei Automobile dem Warenhaus Wertheim in der Leipziger Straße. Kaiser Wilhelm II. und seine Frau Auguste Viktoria möchten dem berühmten Konsumtempel in Berlin einen Besuch abstatten. „Gleich zu Anfang warf der Kaiser einen Blick in den großen Lichthof mit den ersten beiden Brücken und war sichtlich erstaunt über den Bau", notiert Georg Wertheim in sein Tagebuch. Stolz führt er die hohen Gäste durch das prächtige Haus, zeigt ihnen die Abteilung mit den Antiquitäten, das Palmenhaus und den riesigen Saal, der mit Onyxplatten verkleidet ist.

Auch die Planungen für das Pergamonmuseum auf der Museumsinsel stammen von Alfred Messel, wenn auch der Bau 100 Jahre später noch immer nicht ganz fertig ist.

Das von einigen seiner Schüler gestaltete Grab folgt seinen Intentionen. Die dorischen Säulen bestehen aus Muschelkalk, ein Material, das Messel erstmalig in Berlin beim Warenhaus Wertheim eingesetzt hatte.

19 Constantin von Gehring

geboren 12. April 1804 Lobenstein
gestorben 4. Februar 1868 Berlin
Grablage: E-SE-011

Das repräsentative Mausoleum ist eines von mehreren auf dem Friedhof, die von und für Menschen errichtet wurden, die uns heute nicht mehr allzuviel sagen. Ihres kulturhistorischen Wertes wegen sind zwar nicht alle erhalten geblieben, aber doch einige. Dieses Mausoleum war bereits zum Abriss bestimmt, konnte aber in den 1980er Jahren wenigstens notdürftig gesichert werden.

Das Landesdenkmalamt Berlin hatte eine Aktion „Berliner Grabmale retten" gestartet, die in vielen Fällen erfolgreich war. Zu diesem Grab warb das Amt mit folgendem Text:

Zum Ensemble der Mausoleen auf der Anhöhe des Alten St. Matthäus-Kirchhofes, wo sich repräsentative Grabbauten des wohlhabenden Bürgertums und Kleinadels aufreihen, gehört die mächtige, über einer Gruft errichtete Grabkapelle des Barons Constantin Heinrich von Gehring (1806-1869). Der 1835 geadelte Lobensteiner Advokat war Rittergutsbesitzer in Sachsen-Weimar und hatte einen Wohnsitz in Berlin... Das 1869-70 errichtete Mausoleum mit gelblichem Klinkerbauwerk nimmt innerhalb der Grabbauten auf der Matthäihöhe eine Sonderstellung ein, da es ein sehr schönes Beispiel einer Übergangsform zweier Baustile darstellt. In seiner Grunddisposition dem Spätklassizismus verpflichtet, weist das Bauwerk eine Anzahl neubarocker Details und Elemente auf: so etwa die mächtige Kuppel, die einst mit einer Laterne und einer sie krönenden Viktoria nach einem Vorbild Christian Daniels Rauch geschmückt war. Auch Portal und Gitterschmuck folgen in ihrer stilistischen Ausprägung einer neubarocken Formensprache, ebenso die heute fehlende gärtnerische Gestaltung der nächsten Umgebung.

Im Inneren des Mausoleums befindet sich auf einem Postament mit reliefierten Familienwappen die Marmorbüste Gehrings, der testamentarisch einige konkrete gestalterische Angaben – die Sichtbarkeit seines Sarges und Anlage eines Rosenbeetes betreffend – hinterließ. Anfang der 1980er Jahre konnten der Abriss des von Feuchteschäden gekennzeichneten Mausoleums verhindert und daraufhin erste Sanierungsmaßnahmen durchgeführt werden.

Als notwendige Maßnahmen wurden genannt: Außen: Restaurierung von Putzflächen an Portikus und Gesims, Sanierung der Dachkonstruktion mit Kuppel, Instandsetzung der Tür, Wiederherstellung der Bepflanzung, ggf. Rekonstruktion der Laterne und der Viktoriafigur. Innen: Reinigung und Festigung der Marmorbüste und des Sockels, Restaurierung der Innenraumfassung. Als Sanierungskosten wurden 51.000 Euro geschätzt.

Erfreulicherweise war diese Aktion insofern erfolgreich, als dass ein Pate gefunden werden konnte, der das Grab übernahm. Im Jahre 2019 konnte die mustergültige Sanierung erfolgreich abgeschlossen werden.

20 August Freiherr von der Heydt

geboren 5. Februar 1801 Elberfeld
gestorben 13. Juni 1874 Berlin
Grablage: E-S-008

Hört man heute den Namen von der Heydt, denkt man zunächst weniger an die Person dieses Namens, als vielmehr an die nach ihm benannte Villa am Landwehrkanal im Tiergarten aus den 1860er Jahren. Dieses Bauwerk ist eines der letzten Beispiele für den Stil im ehemals vornehmen Tiergartenviertel. Lag diese Villa einst in himmlischer Ruhe, rasen heute zehntausende Autos täglich an ihr vorbei.

Die Villa von der Heydt ist heute Hauptsitz der Stiftung Preußischer Staatsbesitz

August von der Heydt entstammte einer angesehenen Kaufmannsfamilie in Elberfeld und leitete das von seinem Großvater und Vater aufgebaute Bankhaus. Als Politiker in den letzten Jahren vor der Reichsgründung wurde er als preußischer Handels- und Finanzminister tätig. Er spielte bei der Industrialisierung des Landes sowie beim Eisenbahnbau eine aktive Rolle.

Die ausgedehnte Grabanlage besteht aus einer Gruft, in der mehrere Familienangehörige ruhen, sowie einem Gedenkstein, der antiken Vorbildern entlehnt ist und als Zippus bezeichnet wird.

August von der Heydt, Stahlstich von Auguste Hüssener

21 Carl Büchsel

geboren 2. Mai 1803 Schönfeld/Uckermark
gestorben 14. August 1889 Berlin
Grablage: C-001-020/021

Carl Büchsel stammte aus der Uckermark und wurde in seiner Heimat Pfarrer und Superintendent. Er wird als beliebter Prediger und Seelsorger mit einer weitreichenden und intensiven kirchlichen Wirksamkeit beschrieben. 1846 wurde er an die neuerbaute Matthäikirche in Berlin berufen.

In seinen Lebenserinnerungen, die sich mit vielen Auflagen großer Beliebtheit erfreuten, berichtet er von dem großen Tag der Kirchenweihe:

Am Sonntag darauf wurde die Einweihung der Kirche durch den Bischof Neander vollzogen. Die Herren von dem Bau-Comitee standen mit mir vor der Kirchentüre. Sehr imponierend war mir die Erscheinung des wahrhaft edlen Königs Friedrich Wilhelm IV. und seiner Gemahlin. Herr von Koenen überreichte den goldenen Schlüssel dem hohen Herrn, der in sehr holdseliger Weise grüßte. Majestät übergab mir den Schlüssel mit dem Befehl, die Kirche zu öffnen und, indem er die Hand auf die Bibel legte, die ich in den Händen hatte, fügte er hinzu: „Das ist der rechte Schlüssel, der allein die Herzen der Gemeinde öffnen kann, damit Jesus Christus seinen Einzug halte." Nach der Einweihung der Kirche wurde ich von dem Bischof in mein Amt eingeführt, und ich entsinne mich nur noch, daß ich sehr ermahnt wurde, die Gemeinde nicht aufzu-regen und die Ruhe zu pflegen.

Die Kirchweihe erfolgt 1846 und zehn Jahre später leitet Carl Büchsel Ostern 1856 die erste Beerdigung auf dem neuen Kirchhof, der damals den schlichten Namen „Begräb-nisplatz der St.-Matthäusge-meinde" trägt.

Büchsel war vielseitig aktiv und erwarb sich große Ver-dienste bei der Leitung des Elisabethkrankenhauses, das als Diakonissen-Mutterhaus fungierte (siehe Station 10). Auch die heute noch exis-tierende „Gossnersche Mis-sionsgesellschaft" verdankt ihm viel.

Gemälde von Hermann Ernecke (um 1850)

22 Adolf Harnack ab 1914 von Harnack

geboren 7. Mai 1851 Dorpat/Livland
gestorben 10. Juni 1930 Heidelberg
Grablage: C-005/009

Harnack machte als evangelischer Theologe und Kirchenhistoriker eine steile Karriere. Mit 25 Jahren wurde er Professor in Leipzig, später lehrte er an den Universitäten Gießen, Marburg und Berlin. Lange Zeit lang war er Generaldirektor der Königlichen bzw. Preußischen Staatsbibliothek in Berlin.

Seine nachhaltigste Aktivität war möglicherweise die Organisation der Wissenschaft. Als 1911 die „Kaiser-Wilhelm-Gesellschaft zur Förderung der Wissenschaften" (heute: Max-Planck-Gesellschaft) gegründet wurde, wurde Harnack ihr erster Präsident und blieb es lebenslang. Heute erinnert in der Dahlemer Ihnestraße das „Harnack-Haus" an diese Zeit, als das Haus Gesellschafts- und Gästehaus der Kaiser-Wilhelm-Gesellschaft war (heute Tagungszentrum).

Sein Grabstein ziert die Zeile „Veni creator spiritus" (Komm Schöpfer Geist). Es ist der Beginn eines alten lateinischen Hymnus um den Heiligen Geist aus dem 9. Jahrhundert.

23 Graciano „Rocky" Rocchigiani

geboren 29. Dezember 1963 Rheinhausen
gestorben 1. Oktober 2018 Belpasso (Sizilien)
Grablage: C-009-014

Seine Grabstelle lässt keinen Zweifel über den Beruf des Verstorbenen. Sie ist fantasiereich als Boxring gestaltet mit roten Seilen, trägt die Inschrift „In liebevoller Erinnerung an unseren Weltmeister" und wird von Boxhandschuhen als Skulptur gekrönt.

Sein Leben verläuft mit Höhen und Tiefen. Die Karriere als Boxer erreicht 1988 einen ersten Höhepunkt mit dem Weltmeistertitel im Supermittelgewicht des Verbandes IBF; 1991 wird er Europameister im Halbschwergewicht. 1995 kommt es dann zu zwei Kämpfen gegen den amtierenden Weltmeister Henry Maske im Halbschwergewicht. Es wird ein gewaltiger Medienrummel inszeniert. Eine Rekordzahl von mehr als 13 Millionen TV-Zuschauern sehen den ersten Kampf live, stehen sich hier doch zwei Gegensätze gegenüber: Der „Gentleman" Maske gegen das Raubein „Rocky" und auch ein wenig Ost gegen West. Rocchigiani verliert beide Fights nach Punkten, seiner Ansicht und auch nach der seiner Fans und seines Trainers ungerechtfertigt.

1998 wird er dann doch Weltmeister im Halbschwergewicht. Im Jahre 2003 hängt er die Boxhandschuhe an den berühmten Nagel. Er hat wohl zeitweilig ein massives Alkoholproblem und muss sich wegen Körperverletzung, Sachbeschädigung, Nötigung, Fahren ohne Führerschein und weiteren Straftaten verantworten. So gerät einer der größten deutschen Boxer sogar mehrmals ins Gefängnis.

Als er etwas gesetzter und ruhiger geworden war, mit einer neuen Lebenspartnerin und zwei kleinen Kindern in Italien sein Familienglück genießen will, trifft ihn ein stärkerer Gegner. Er wird als Fußgänger nachts von einem Auto überfahren und stirbt im Alter von 54 Jahren.

24 Rio Reiser

geboren 9. Januar 1950 Berlin
gestorben 20. August 1996 Fresenhagen, Nordfriesland
Grablage: C-W 019/020

Ralph Christian Möbius wählt seinen Künstlernamen nach dem Titelhelden des Romans „Anton Reiser" von Karl Philipp Moritz, mit dessen Befreiung aus prekären Verhältnissen er sich identifizieren kann.

Im Alter von 20 Jahren gründet er gemeinsam mit Freunden die Band „Ton Steine Scherben" und erreicht mit dem Album „Keine Macht für Niemand" 1972 einen großen Erfolg. Vor allem die Jugendlichen der Linken und der Hausbesetzer-Szene in Berlin honorieren die Mischung aus politischer Agitation und Rockmusik. Allerdings – Kult hin, Kult her – bei allem Jubel in dieser Szene bleibt kommerzieller Erfolg aus. Mit einem gewaltigen Schuldenberg verabschiedet sich 1975 die Band aus dem Trubel der Großstadt und zieht ins beschauliche Nordfriesland. Die Band verabschiedet sich auch vom politisch alternativen Agitationskurs und widmet sich nun mehr privaten Themen wie Liebe, Freude, Trauer. Der Versuch eines Comeback bei einer weiteren Tournee hat das bekannte Ergebnis: Begeisterte Konzertbesucher, Verluste in der Kasse.

Als Reiser sich 1985 von der Band löst und eine Solokarriere startet, kommt endlich auch der pekuniäre Durchbruch. Insbesondere sein Super-Hit „König von Deutschland" ist so ein Hammer, dass er bald seine Schulden abtragen kann.

„König von Deutschland" nimmt satirisch die Politik und Kultur der Bundesrepublik aufs Korn. Hier kommt Reiser keineswegs bierernst-politisch daher, sondern so populär und mitreißend, dass dieses Lied auch heute noch auf Festivals mit großem Erfolg gespielt wird und von Tausenden mitgesungen wird. Eine Kostprobe:

Ich würd' die Krone täglich wechseln, würde zweimal baden.
Würd' die Lottozahlen eine Woche vorher sagen.
Bei der Bundeswehr gäb' es nur noch Hitparaden.
Ich würd' jeden Tag im Jahr Geburtstag haben.
Das alles, und noch viel mehr
Würd' ich machen, wenn ich König von Deutschland wär'.

Auch die Songzeilen „All die Lügen geben dir den Rest/Halt dich an deiner Liebe fest" werden zu einem Evergreen.

Reiser veröffentlicht insgesamt sechs Solo-Platten, bestreitet unzählige Konzerte und Festivals, hat ein Jahr vor der Wende auch ein Konzert in Ost-Berlin. Dort wird er umjubelt bei den Zeilen, die eigentlich einmal auf die Bundesrepublik gemünzt waren:

„Gibt es ein Land auf der Erde, wo der Traum Wirklichkeit ist? [...]
da bin ich sicher: Dieses Land ist es nicht!"

Jedoch müssen wegen seines sich verschlechternden Gesundheitszustandes mitunter Konzerte oder ganze Tourneen abgesagt werden.

Rio Reiser stirbt im Alter von nur 46 Jahren nach inneren Blutungen. Seine Brüder Peter und Gert Möbius, die den Hof in Fresenhagen weiter bewohnten, setzen eine ungewöhnliche Bestattung durch. Sogar die damalige Ministerpräsidentin Heide Simonis muss sich einschalten und die Genehmigung erteilen, dass eine Beerdigung auf dem Privatgrundstück Fresenhagen 11 möglich wird.

Das Grab wird zu einem Wallfahrtsort für seine Fans, sein Haus als Rio-Reiser-Haus für Tagungen und Studios genutzt.

Jedoch die Freude ist auch hier von begrenzter Dauer. Irgendwann können die Brüder den Hof nicht mehr finanzieren und verkaufen ihn.

So kommt es dazu, dass im Jahre 2011 Rio Reiser mitsamt Grabstein und Grabschmuck in seine Geburtsstadt Berlin umgebettet wird und auf dem Alten St.-Matthäus-Kirchhof in Schöneberg seine hoffentlich letzte Ruhe findet und weiterhin Treffpunkt seiner vielen Verehrer ist.

Rio Reiser, 1980er Jahre

25 Café finovo

Am Eingang Großgörschenstraße

Vor oder nach einem Spaziergang durch die Gräberreihen oder auch mittendrin zum Verschnaufen ist das Friedhofscafé der ideale Ort. Kaffee in verschiedenen Variationen und vor allem die selbst gebackenen Kuchen und Torten lohnen auf jeden Fall einen Besuch. Diese 2006 noch neue Idee war so erfolgreich, dass sie bereits mehrere Nachahmer auf Berliner Friedhöfen gefunden hat.

Der „Berlin Pride Guide" schreibt alles Wissenswerte zu diesem schönen und erholsam ruhigen Ort:

Das Café Finovo ist Deutschlands erstes Friedhofscafé. 2006 von Berlins Polit-Tunte Ichgola Androgyn eröffnet, ist das Finovo im ehemaligen Verwalterhaus auf dem Alten St. Matthäus Kirchhof ein Ort für Friedhofsbesucher*innen. Es lädt ein zum Verweilen, zu Kaffee und hausgemachtem Kuchen. Ein Ort für die Lebenden, um mit den Verstorbenen zu kommunizieren, andere Besucher*innen zu treffen, sich auszutauschen, „zu heulen und zu lachen". Der Name setzt sich zusammen aus den lateinischen Wörtern fin und novo: Ende und Neu(beginn).

Der Alte St. Matthäus Kirchhof, kulturhistorisch betrachtet einer der wichtigsten in Berlin, hatte sich schon in den Jahren zuvor zu einem stark schwul geprägten Friedhof entwickelt. An vielen Gräbern wehen Regenbogenfahnen. Auch Ichgolas langjährige Wegbegleiterin und Freundin Ovo Maltine ist hier begraben und wird nahezu täglich besucht. Das Finovo ist ein wunderbarer und ungewöhnlicher Ort um zu verweilen, Zeit zu geniessen und derer zu gedenken, „die auf einer anderen Ebene gelandet sind".

Ichgola Androgyn heißt mit bürgerlichem Namen Bernd Boßmann, ist Schauspieler und hatte die geniale Idee mit dem Friedhofscafé und dem Blumenladen. In einem Interview berichtet er über seine Erfahrungen unter anderem:

Es ist von Anfang an ausschließlich positiv angenommen worden. Das Schöne ist, dass es wirkt, als wäre es schon immer hier gewesen. Einmal entdeckten uns zwei ältere Damen: „Guck mal, da drin ist noch ein ganz altes Café versteckt. Da gehen wir jetzt rein!" Ein anderes Mal stand eine Frau vor dem Café und sagte: „Niemals würde ich in ein Café auf einem Friedhof gehen!" Kurze Zeit später war sie Stammgast.

Spaziergang B

26 Helga Goetze

geboren 12. März 1922 Magdeburg
gestorben 29. Januar 2008 Winsen
Grablage: X4-001-009

Helga Goetze war ein Original. Sie saß fast ständig auf den Stufen der Gedächtniskirche oder vor der TU-Mensa in der Hardenbergstraße und hielt selbstgemalte Pappschilder hoch, die drastische Aussagen enthielten. „Ficken ist wichtig" oder „Ficken für den Frieden" waren Parolen, die den einen oder anderen Passanten vielleicht befremdeten. Jedoch überwog wohl die Belustigung gegenüber der Verärgerung.

Sie verstand sich als eine Aktivistin für die sexuelle Befreiung. Als Schriftstellerin und Künstlerin trat sie gelegentlich auf. Stickbilder von ihr befinden sich in den Sammlungen der Collection de l'Art Brut in Lausanne sowie im Stadtmuseum Berlin. Ihr Grabstein würdigt sie mit den Worten: „Du warst die primäre Tabu-Brecherin."

27 Gudula Lorez

geboren 30. Dezember 1944 Nagold
gestorben 23. März 1987 Herdecke
Grablage: V5-0-001

Die feministische Publizistin zeichnete sich dadurch aus, dass sie als erste Verlegerin erotische Bücher von Frauen für Frauen produzierte. Ihre Methode war etwas ungewöhnlich: Sie schaltete Zeitungsannoncen und forderte alle Frauen, die „asexuellen, autosexuellen, homosexuellen, heterosexuellen" auf, „Träume, Phantasien, Lüste, Begehren, Verbotenes, Verborgenes, Verwünschtes, Verrücktes, Verruchtes" ihr zuzuschicken.

Daraus entstand dann 1979 das Buch „Wo die Nacht den Tag umarmt – Erotische Phantasien und Geschichten von Frauen", das bereits im ersten Jahr vier Auflagen erlebte.

Nach der üblichen Belegungsfrist von 20 Jahren wurde ihr Grabstein abgeräumt und das Grab eingeebnet und mit Rasen versehen. Im Jahre 2009 fand sich ein Freundeskreis, der dafür sorgte, dass ihr Grab wieder hergestellt wurde und der noch erhaltene Grabstein nun wieder zu sehen ist.

28 Paul Parey

geboren 23. März 1842 Berlin
gestorben 31. März 1900 Berlin
Grablage: Q-WE-006/007

Der Buchhändler und Verleger entwickelte seinen Verlag zu einem bedeutenden Unternehmen in den Branchen Land-, Forstwirtschaft und Jagd. Zugleich war er aktiv tätig im „Börsenverein der Deutschen Buchhändler", wo er sich für die Einführung der Buchpreisbindung einsetzte. Er selbst scheiterte zwar zunächst bei dem Versuch, die Verlage zur Preisbindung zu zwingen, sein Nachfolger setzte dies aber 1888 endgültig durch.

Der seit 1848 existierende „Paul Parey Verlag" existiert noch heute. Die Jagdzeitschrift „Wild und Hund" ist heute nach Verlagsangaben das größte unabhängige europäische Jagdmagazin.

Im reichhaltigen Bücherangebot kann man so illustre Titel finden wie „So fängt man Aale" oder „Karpathenwelt und Bergweltzauber".

Lebenssatt!
Todestrunken!

NAPOLEON SEYFARTH

SCHLOMO SCHLOTTO

Lust will Ewigkeit -
Tod hat sie!

29 Napoleon Seyfahrt

geboren 41. August 1953 Oggersheim
gestorben 2. Dezember 2000 Berlin
Grablage: Q-WE-040/041

Napoleon Seyfarth war eine Sau. Eine schwule Sau.

So beginnt ein Nachruf auf den Autor und Aktivisten, der das Schwein als Sinnbild des Lebens und der Wollust wählte. Die Titel seiner Bücher widmen sich diesem Thema. Sie heißen „Schwein Oder Nicht Schwein" und „Schweine müssen nackt sein. Ein Leben mit dem Tod". In diesem autobiographisch geprägten Buch setzt er sich in

ungewohnt offener Weise mit den Themen Krankheit, AIDS und Tod auseinander.

Als Teil der schwulen Berliner Subkultur wird er mehr und mehr zum Aktivisten und Chronist der Homosexuellenbewegung. Gleichzeitig ist er als Medienstar mit seinen provokanten Themen ein gefragter Gast in Talkshows und bei Interviews.

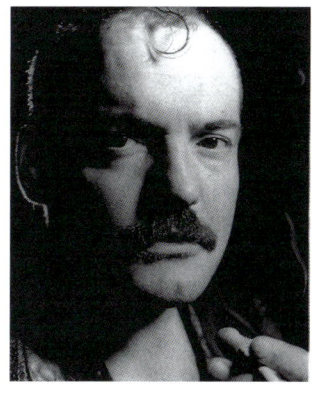

Lange Zeit lebt er mit einer HIV-Infektion, bevor er schließlich an AIDS stirbt.

Seine Grabplatte schmückt ein Spruch, der gleichzeitig Humor beweist und Protest andeutet:

Finis porci, farciminis initium

Wenn Nichtlateiner hier kein Land sehen, die deutsche Version:

Das Ende des Schweins ist der Anfang der Wurst.

30 Gustav Eberlein

geboren 14. Juli 1847 Spiekershausen
gestorben 5. Februar 1926 Berlin
Grablage: Q-O-049

Der Bildhauer, Maler und Dichter war ungewöhnlich produktiv. Sein Werkverzeichnis umfasst mehr als 600 Werke. Die Berliner Bildhauerschule im 19. Jahrhundert brachte zwar viele berühmte Künstler hervor wie beispielsweise Begas oder Rauch, doch keiner wurde so häufig engagiert wie Eberlein.

Wenn auch viele seiner Bronzefiguren den Krieg nicht überstanden, gibt es noch zahlreiche Arbeiten aus Marmor von ihm zu bestaunen. Dazu zählen die Denkmäler von Richard Wagner und Albert Lortzing im Berliner Tiergarten sowie diverse Figuren der ehemaligen Siegesallee.

Seinen Grabstein ziert ein Selbstbildnis aus Bronze.

31 Minna Cauer

**geboren 1. November 1841 Freyenstein/Brandenburg
gestorben 3. August 1922 Berlin**
Grablage: Q-O-047

Das Digitale Deutsche Frauenarchiv würdigt diese Frau so:

*Sie leitete Frauenvereine, war eine mitreißende Rednerin und
mischte sich mit ihrer Zeitschrift „Die Frauenbewegung" in die
öffentliche Debatte im Kaiserreich ein. Ihr Ziel: die allumfassende
Gleichberechtigung der Frau im Staat. Ihr größter Erfolg: 1918
erhalten die Frauen das Wahlrecht.*

In ihrem Buch „Die Frauen in den Vereinigten Staaten von Nordamerika"
entwickelte sie die interessante These, dass die amerikanischen Frauen
zum Wohl des Ganzen arbeiten wollten, während die deutschen Frauen
„selig zu den Füßen Goethes und Schillers träumten".

Mit dem von ihr gegründeten „Verein für Frauenstimmrecht" und mit
mehreren Zeitschriften wurde sie die Stimme des radikalen Flügels der
bürgerlichen Frauenbewegung. Bereits in jungen Jahren absolvierte sie
ihre Ausbildung zur Lehrerin und verdiente in diesem Beruf auch Zeit
ihres Lebens ihren Lebensunterhalt.

Ihren Grabstein schmückte einst eine Skulptur von Kurt Kroner, die
aber zwischenzeitlich gestohlen wurde.

Cauer und ihre Gefähr-
tinnen des Verbandes
für Frauenstimmrecht,
von links nach rechts:
Anita Augspurg, Marie
Stritt, Lily von Gizycki,
Minna Cauer und Sophia
Goudstikker, Atelier
Elvira, um 1896

32 Heinrich von Treitschke

geboren 15. September 1834 Dresden
gestorben 28. April 1896 Berlin
Grablage: Q-O-016

Der als Professor für Geschichte in Kiel, Heidelberg und Berlin tätige Treitschke war einer der populärsten und meist gelesenen Publizisten seiner Zeit und so etwas wie das Leitbild des deutschen Bürgertums.

Jedoch spielte er im Kaiserreich eine verhängnisvolle Rolle. 1879 schrieb er in einem Aufsatz den Satz „Bis in die Kreise der höchsten Bildung hinauf, unter Männern, die jeden Gedanken kirchlicher Unduldsamkeit oder nationalen Hochmuths mit Abscheu von sich weisen würden, ertönt es heute wie aus einem Munde: die Juden sind unser Unglück!"

„Die Juden sind unser Unglück" wurde die Vorlage zum Motto des späteren NS-Hetzblattes „Der Stürmer". Für die Rassenpolitik der Nationalsozialisten kann man ihn zwar nicht verantwortlich machen, doch man kann ihn als geistigen Vorbereiter einstufen. Er und der Hof- und Domprediger Adolf Stoecker (1835-1909), der noch einen drauf setzte und sich zum „Vater der antisemitischen Bewegung" stilisierte, veränderten das politische Klima entscheidend. Zwei so angesehene Bürger machten den Antisemitismus salonfähig, der zuvor eher als rüpelhaft und als „Politik der Gosse" angesehen wurde.

In der Folge entstand der „Berliner Antisemitismusstreit", der auch als Treitschkestreit in die Geschichte einging und eine öffentliche Debatte über die „Judenfrage" auslöste.

Die ebenfalls hoch angesehenen Historiker Theodor Mommsen, Rudolf Virchow oder Johann Droysen vertraten die liberale Position; Mommsen erklärte sogar, dass er die Äußerung Treitschkes für das Entsetzlichste und Scheußlichste halte, „was je geschrieben ward".

Karsten Krieger bilanziert aus heutiger Sicht:

Wahrscheinlich prägte Treitschke wie kein zweiter das Identitäts-
bewusstsein sowohl der Führungseliten als auch der Mittelschich-
ten im Deutschen Kaiserreich. Die durch ihn beförderte und in ein
nationales Weltbild integrierte scheinbare Domestizierung der
Judenfeindschaft hat vermutlich maßgeblich dazu beigetragen,
dass der Antisemitismus einen integralen Bestandteil des eigenen
Weltverständnisses bildete, dessen zerstörerisches Potenzial sich
allerdings erst seit dem Ersten Weltkrieg offenbarte.

Die Grabsäule schmückte einst ein Bronzekopf.

33 Cölestin von Zitzewitz

geboren 23. Februar 1847
gestorben 27. Februar 1892
Grablage: Q-WE-073/074

Er stammte aus einer weit verzweigten Adelsfamilie, war Oberleutnant und Flügeladjutant von Kaiser Wilhelm II. Man weiß nicht allzu viel über sein Leben. Sein Grab ist eines von vielen Militärs auf diesem Friedhof, soweit sie nicht zwischenzeitlich abgeräumt wurden. Auch dieses Grabmal wird früher oder später durch eine Grabpatenschaft einer neuen Bestimmung zugeführt werden.

Das neobarocke Grabmal mit Kreuz und Adelswappen ist nicht nur kulturhistorisch wertvoll, sondern wegen seiner kuriosen Inschriften sehenswert. Über dem Namenszug des Verstorbenen prangt in mindestens doppelter Größe der Name des Kaisers. Dieser ließ es sich nicht nehmen, seinem Flügeladjutanten eine besondere Widmung zu verehren. Dort lesen wir: „KAISER WILHELM II und sein Hauptquartier ihrem tiefbetrauerten, treuen Kameraden".

Bekannter als er ist seine Tochter Augusta von Zitzewitz (1880-1960), deren Gemälde und Holzschnitte auch heute noch geschätzt werden und beispielsweise im „Verborgenen Museum" zu bewundern sind.

34 Carl Bolle

geboren 1. September 1832 Milow
gestorben 28. September 1910 Berlin
Grablage: P-SE-012

Er wird zu einem Kaufmann mit letztlich Riesenvermögen. Zunächst Bauspekulant verlegt er sich auf Produkte des häuslichen Bedarfs. Er stellt Kunsteis her, vertreibt Fisch von der Ostsee, verkauft Pflanzen und Blumen aus der eigenen Großgärtnerei. Den größten Erfolg erzielt dann seine Meierei mit der Produktion von Milch.

Sein Erfolgsrezept mutet ziemlich modern an: Er vertreibt seine Waren direkt bis in die Wohnungen der Konsumenten oder zumindest bis vor die Haustür. So werden seine Milchwagen legendär und tragen ihm den Namen „Bimmel-Bolle" ein. Denn die Wagen ziehen durch die Straßen und signalisieren den Hausfrauen mit einer Handglocke, dass frische Milch vor der Tür steht.

Einer von Bolles berühmten Milchwagen

Rekonstruktion des ursprünglichen Zustandes
(Foto und Grafik: Ludger Wekenborg)

Bereits 20 Jahre vor seinem Tod lässt er sich auf diesem Kirchhof ein beeindruckendes Mausoleum errichten. Das ist 1890 dringend geboten, denn der begehrteste Friedhof in Berlin mit hunderten Gräbern von Gelehrten, Künstlern oder Unternehmern aus dem vornehmen Tiergartenviertel ist heillos überfüllt und soll für weitere Interessenten gesperrt werden. Die Sensation ist eine elektrische Beleuchtungsanlage in der Gruft des Mausoleum, zu einer Zeit, als die Berliner Wohnungen noch lange auf Elektrizität warten müssen.

Für einen erfolgreichen Unternehmer ist Carl Bolle bemerkenswert fromm. Er baut auf dem Firmengelände in Alt-Moabit eine Kirche für seine Mitarbeiter. Mit 1600 Plätzen ist diese größer als die meisten Kirchen in Berlin.

Ob seine beiden Söhne Andreas und Johannes dagegen seine tief christliche Einstellung geerbt haben, kann bezweifelt werden. Sie hatten keine Interesse an Milch und Milchprodukten, sondern erwerben das traditionsreiche Bestattungsunternehmen „Grieneisen". Und so stellen sie der Firma Bolle für die Bestattung ihres Vaters eine Rechnung aus, die gesalzen ist. Der „grosse Messingsarg E G Stahlbronce gelichtet mit extra starkem Zinkeinsatzsarg mit doppeltem Boden einschliesslich seidener Garnitur mit seidener Schnur" schlägt mit 1.200 Mark zu Buche. Das mag handelsüblich sein; aber auch die 11 Mark Trinkgeld für den Kutscher einzufordern, mutet doch etwas kleinlich an.

35   Denk mal positHIV e. V.

Grablage: F-WE-029/032

Das Erbbegräbnis wurde 1873 ursprünglich von dem Rentier Albert Streichenberg erworben und aufwändig gestaltet. Im Jahre 2000 übernahm der Verein, der sich aus der ökumenischen Initiative „Kirche PositHIV" entwickelt hatte, die Anlage. Der Verein formuliert seine Tätigkeit so:

> *Unser Anliegen ist es, dem Gedenken an Menschen, die mit HIV gelebt haben, einen Ort zu widmen. Entstanden im Kontext der ökumenischen Aids-Initiative KIRCHE positHIV ist dieser Ort offen für unterschiedliche Religionen und Weltanschauungen. So sind Menschen mit sehr verschiedenen Lebensgeschichten und ganz unterschiedlichen Umgehensweisen mit HIV und Aids an diesem Ort begraben.*

Es gibt die Möglichkeit für Erd- und Urnenbestattungen, jedoch nicht für anonyme Beisetzung. Auf den Marmortafeln des Grabdenkmals wird der Name, das Geburts- und Sterbedatum eingraviert. Inzwischen haben hier mehr als 70 Verstorbene ihre letzte Ruhe gefunden.

Der gemeinnützige Verein finanziert seine Tätigkeit mit Mitgliedsbeiträgen und steuerlich abzugsfähigen Spenden.

36 Johann Gottfried Schwimmer

geboren 1794
gestorben 1871
Grablage: F-SE-D

Dieses Prachtstück von neugotischem Mausoleum aus rotem Backstein hat ein Koch errichten lassen. Nun ja, er war wohl etwas mehr, ein Kochkünstler vermutlich. Denn er war der Hofküchenmeister des preußischen Prinzen Albrecht (1809-1872), eines Sohnes von Königin Luise und Friedrich Wilhelm III.

Seinen Arbeitsplatz zur Schöpfung seiner Kochkünste wird er wohl im herrschaftlichen Prinz-Albrecht-Palais in der Wilhelmstraße (nicht mehr erhalten) gehabt haben. Gelegentlich mag er auch auf der Pfaueninsel gekocht haben, wo die königliche Familie gern die Sommermonate genossen hat.

Das von einem Schinkel-Schüler erbaute Mausoleum hatte zwischenzeitlich durch Frost und ein undichtes Dach sehr gelitten, wurde aber in jüngster Zeit vorbildlich saniert.

Prinz Albrecht hatte es sich im nach ihm
benannten Palais gemütlich gemacht.
(Gemälde von Johannes Rabe, 1853)

37 Christian Friedrich Carl Krause

geboren 24. September 1797
gestorben 14. Februar 1865

Oscar Friedrich Wilhelm Krause

geboren 1826
gestorben 1884
Grablage: F-SE-C

Vater und Sohn waren in der Zement-, Ziegel- und Steinbranche tätig, als in Berlin und Umgebung gebaut und gebaut wurde. Von dem Aufstieg der Stadt zur Millionenmetropole profitierten sie gewaltig, so dass sie nun in einem standesgemäßen Mausoleum ruhen.

Vater Christian betrieb mehrere Ziegeleien, was ihm den Spitznamen „Stein-Krause" eintrug. Außerdem war er als Kommunalpolitiker tätig und war acht Jahre lang Stadtverordneter.

Sohn Oscar betrieb seine Steinhandlung am Schiffbauerdamm und brachte es zum „Commerzienrat". Dieser Ehrentitel wurde im Deutschen Reich vor allem an Personen aus der Wirtschaft verliehen, quasi als Trostpflaster für alle diejenigen, die keine Chance hatten, in den Adelsstand erhoben zu werden. Allerdings musste man sich den Titel gewissermaßen „erkaufen", denn es wurden als Gegenleistung kräftige Zahlungen für das „Gemeinwohl" erwartet.

Nach dem Tod seines Vaters und ihm zu Ehren baute der Sohn dieses Mausoleum mit klassizistischem Anklang.

38 Eilhard Mitscherlich

geboren 7. Januar 1794 Neuende/Wilhelmshaven
gestorben 28. August 1863 Schöneberg
Grablage: F-SE-A

In der imposanten Reihe der Mausoleen finden wir als nächstes das eines Wissenschaftlers, der zu den Großen seines Faches gehört. Er war eine echte Hoch- und Frühbegabung: Mit 20 Jahren promoviert, mit 28 Jahren Professor für Chemie an der Berliner Universität. In der Folge war er Mitglied aller wichtigen Vereinigungen der Wissenschaft im In- und Ausland.

Mitscherlich war einer der ersten Träger des „Ordens Pour le Mérite für Wissenschaften und Künste", der von König Friedrich Wilhelm IV. gestiftet worden war und der auch heute noch vom Bundespräsidenten verliehen wird.

Die Liste der von ihm entwickelten Methoden und Verfahren sowie seiner Entdeckungen ist schier endlos. Die nach ihm benannte „Mitscherlich-Phosphorprobe" wurde in damaliger Zeit eingesetzt, um den Mageninhalt von Verstorbenen zu untersuchen, bei denen der Verdacht bestand, dass sie mit hochgiftigem Phosphor ermordet wurden.

Seine klassizistische Grabkapelle wird von einer Plastik geschmückt, die von Christian Daniel Rauch begonnen und von seiner Schülerin Elisabeth Ney vollendet wurde. Diese konnte nach Jahrzehnten des Schlummerns im Archiv im Jahre 1990 restauriert und wieder aufgestellt werden.

Sein überlebensgroßes Standbild schuf Carl Ferdinand Hartzer 1894 und steht heute im Hof der Humboldt-Universität.

39 Adolph von Hansemann

geboren 27. Juli 1826
gestorben 9. Dezember 1903
Grablage: F-S-008

Die eindrucksvollste Grabanlage auf diesem Kirchhof ist das Mausoleum der Familie Hansemann mit einem Atrium, von einer dorischen Säulenreihe umschlossen. Hier ruhen zahlreiche Familienmitglieder, angefangen vom Ahnherrn David Hansemann (noch ohne „von"), der die Disconto-Gesellschaft gegründet und zu einem bedeutenden Kreditinstitut entwickelt hat. Der einflussreichste Unternehmer und Bankier war zweifellos dessen Sohn Adolph, der dieses Mausoleum von namhaften Architekten bauen und von nicht minder berühmten Bildhauern gestalten ließ.

Er baute die von seinem Vater übernommene Bank zu der vornehmen Berliner Großbank aus, die als Vorläufer der Deutschen Bank gilt. Verdient hat er insbesondere an der Finanzierung der preußischen Kriege, was ihm auch den Adelstitel einbrachte. Er war einer der reichsten Männer Deutschlands und zeigte das auch: Schlossähnliche Häuser in Berlin und auf Rügen, mehr als siebentausend Hektar Landbesitz auf Gütern zeugten von seinem opulenten Wohlstand.

Außerdem wurde ein Mythos von ihm als unermüdlich schaffender Unternehmer verbreitet: Als er sich unwohl fühlt, sagt er zu seinem Sekretär: „Nun, dann arbeiten wir morgen weiter." Das sind seine letzten Worte; er verstirbt an seinem Schreibtisch. An seinem Grabe spricht der Aufsichtsratsvorsitzende seiner Bank Worte voller Pathos und fern jeder Bescheidenheit:

Wie die Mitwelt, so wird in noch höherem Maße die Nachwelt ihn zu den Männern rechnen, deren treue unermüdliche Arbeit unter Kaiser Wilhelms gesegnetem Regiment unter Führung des Fürsten Bismarck Deutschlands Machtstellung in der Welt neu begründet hat.

40 Jacob Grimm

geboren 4. Januar 1785 Hanau
gestorben 20. September 1863 Berlin

Wilhelm Grimm

geboren 24. Februar 1786 Hanau
gestorben 16. Dezember 1859 Berlin
Grablage: F-S-001/004

Jacob und Wilhelm sind ein Brüderpaar, dessen Eintracht kaum zu über-
bieten ist. Sie haben die gleichen Vorlieben, wohnen fast ihr ganzes Leben
zusammen, forschen an den gleichen Fragestellungen und publizieren
folgerichtig als „Brüder Grimm".

Zwei Großtaten in der Welt der Literatur und Sprache sind es, die sie berühmt machten und sich auch heute noch weltweiter Wertschätzung erfreuen.

Als sie 1812 das Buch der „Kinder- und Hausmärchen" veröffentlichen, sind sie noch keine 30 Jahre alt. Es folgen viele weitere Auflagen bis heute und zwar in nicht weniger als 170 Sprachen. Man kann sagen, fast alle Menschen dieser Erde kennen „Dornröschen", „Schneewittchen", „Rotkäppchen", „Hänsel und Gretel" und viele, viele mehr. In den letzten Jahrzehnten wurde eine Kontroverse um diese Märchen ausgetragen: Die eine Position vertrat die Ansicht, die Märchen erzögen Kinder zur Grausamkeit, die Gegenposition setzte sich wohl durch mit der Meinung „Kinder brauchen Märchen".

Rolf Hochhuth, der seine Grabstelle direkt neben den Grimms ausgesucht hat, betont die hohe Geltung der Grimms:

Auf den Gräbern der Grimm – mit Steinen beschwert –
Liegen oft Märchenbilder von Mädchen, von Jungen.
Noch nach 200 Jahren von Schülern geliebt, geehrt
– welches Buch sonst, in aller Völker Zungen!

Die zweite Großtat der Brüder ist das „Deutsche Wörterbuch", das ein wahrhaft gigantisches Unternehmen war und ist. Ab 1852 erscheint Band um Band und erst 1971 liegt das Gesamtwerk vor mit sage und schreibe 34.824 Druckseiten Umfang. Der Anspruch an dieses Werk ist hoch: Die Herkunft und der Gebrauch jedes deutschen Wortes soll beschrieben werden.

Gemälde von Elisabeth Jerichau-Baumann (1819-1881)

Zu ihren Lebzeiten kommen sie gerade einmal bis zum Buchstaben E. Das spielt sich schon alles in Berlin ab. Aber wie verschlägt es die aus Hessen stammenden Brüder nach Berlin?

Die Brüder wirken als Professoren der Universität in Göttingen, das damals zum Königreich Hannover gehört. Als der weder beliebte noch liberale König Ernst August I. 1837 sein Amt antritt, hebt er die in seinen Augen zu freiheitliche Verfassung seiner Vorgänger auf. Das wollen Jacob und Wilhelm Grimm gemeinsam mit fünf weiteren Professoren nicht hinnehmen, haben sie schließlich lange genug für die Verfassung gekämpft. Die „Göttinger Sieben" formulieren ihren Protest in einem Brief an den König.

Jacob Grimm rechtfertigt später diesen Schritt mit einer etwas pathetischen Formulierung so:

Die Geschichte zeigt uns edle und freie Männer, welche es wagten, vor dem Angesicht der Könige die volle Wahrheit zu sagen.

Der König sieht dies als einen ungeheuren Angriff auf sein Gottesgnadentum an und feuert alle sieben, verweist drei sogar des Landes, unter ihnen auch Jacob Grimm.

Die Brüder leben drei Jahre im Kasseler Exil, ehe die Rettung aus Berlin kommt. Der auch nicht gerade für seine liberale Haltung bekannte preußische König Friedrich Wilhelm IV. beruft die Grimms an die „Preußische Akademie der

Auguste Grimm erhält 97 Jahre nach ihrem Tod einen Grabstein – links neben den Grabsteinen der männlichen Grimms.

Devotionalien, die Kinder zur Osterzeit an den Grabstellen der Brüder Grimm platziert haben.

Wissenschaften", wo sie bis an ihr Lebensende ohne finanzielle Sorgen forschen können und den Sprachforschern ein reiches Betätigungsfeld hinterlassen.

Bestattet werden sie auf dem Alten St.-Matthäus-Kirchhof. Dort stehen vier Grabsäulen für Jacob, Wilhelm sowie die beiden Söhne Wilhelms, den Kunsthistoriker Hermann Grimm (1828-1901) sowie den Schriftsteller Rudolf Grimm (1830-1889). Bei diesen vier Gräbern bleibt es bis 2016. Dann wird auf Initiative des äußerst rührigen Fördervereins EFEU e.V. eine Ungerechtigkeit behoben. Denn auch die Tochter Wilhelm Grimms wurde hier in einer Urne im Grab ihres Vaters beigesetzt, aber niemand hielt es für nötig, ihren Namen zu erwähnen. Also stellte man eine fünfte Grabsäule für Auguste „Gustel" Grimm (1832-1919) daneben und ehrte weitere Frauen der weitverzweigten Grimm-Familie in memoriam.

41 Rolf Hochhuth

geboren 1. April 1931 Eschwege
gestorben 13. Mai 2020 Berlin
Grablage: F-001-008-012

Fast 20 Jahre vor seinem Tod lässt Rolf Hochhuth neben seiner dritten Ehefrau eine Grabstelle für sich selbst reservieren und eine höchst seltsame Skulptur aufstellen. Man kann sie kitschig nennen, auf jeden Fall ist sie aber ungewöhnlich und höchst kurios. Zwei splitternackte Nymphen recken sich zum Himmel und tragen eine Schale mit der Inschrift „Das ewig Weibliche zieht uns hinan". An dieser Zeile aus Faust II versuchen sich unzählige Interpreten und rätseln auch heute noch über Goethes Worte. Simone de Beauvoir hat es in ihrer eigenen Bestimmtheit auf den Punkt gebracht:

> *Das Ewig Weibliche ist eine Lüge, denn die Natur spielt bei der Entwicklung eines Menschen eine sehr geringe Rolle, wir sind soziale Wesen. Außerdem: Da ich nicht denke, dass die Frau von Natur aus dem Manne unterlegen ist, denke ich auch nicht, dass sie ihm von Natur aus überlegen ist.*

Rolf Hochhuth war nicht nur Dramatiker, sondern verstand sich vor allem als Moralist und Mahner. Er setzt sich mit aktuellen politischen Fragen und vor allem mit der Zeit des Nationalsozialismus auseinander. Gleich sein erstes Drama unter dem Titel „Der Stellvertreter" bringt 1963 einen Riesenerfolg und schafft es bis zum Broadway. Das Stück thematisiert die dubiose Rolle des Vatikan und speziell von Papst Pius XII. zum Holocaust während des Dritten Reiches. Die Reaktionen sind gewaltig: Proteste, Tumulte, Handgreiflichkeiten im Theaterparkett, mehr als 7500 Veröffentlichungen in den Folgejahren.

Hannah Arendt verbindet geschickt Kritik und Anerkennung, wenn sie sagt: „Das Stück ist nicht gut, aber die Frage, die Hochhuth aufwirft, ist sehr legitim: Warum hat der Papst nie öffentlich gegen die Verfolgung und schließlich den Massenmord an den Juden protestiert?"

Und Hochhuth ergänzt: „Natürlich hat man sich schon manchmal gefragt, wie konnte denn der, der im Ernst glaubt, er sei Stellvertreter Christi auf Erden, zu Auschwitz die Schnauze halten.."

42 F.W. Bernstein

geboren als Fritz Weigle 4. März 1938 Göppingen
gestorben 20. Dezember 2018 Berlin

Grablage: F-008-014

Die schärfsten Kritiker der Elche
waren früher selber welche.

Dieser unsterbliche Zweizeiler geht auf das Konto von F.W. Bernstein, der von 1964 bis 1976 gemeinsam mit Robert Gernhardt und F.K. Waechter die „Welt im Spiegel" publizierte. Dies war eine Beilage zur Satirezeitschrift „pardon", die mit Essays, Gedichten, Comic Strips und Cartoons eine unverwechselbare Form höheren Blödsinns und Hochkomik in Szene setzte. Dabei gelang es den Dreien, den Wahnsinn von Politik, Kulturbetrieb und Alltag immer wieder auf die Spitze zu treiben und die Sinnfrage zu unterlaufen.

Später machte Bernstein in dem von ihm immer karikierten Kulturbetrieb Karriere: Er wurde 1984 an der Hochschule der Künste Berlin erster deutscher Professor für Karikatur und Bildgeschichte.

Das eingangs zitierte berühmte „Elch-Gedicht" ist zu schön; so soll Bernstein zur Entstehungsgeschichte hier zu Wort kommen:

Wäre Ebi Brügel nicht in jener Winternacht mitten in den 60er Jahren im VW von Paris nach Hause kutschiert – und dabei ist es passiert: und aus dem Bernstein sprach es: Die schärfsten Kritiker der Elche waren früher selber welche. Gernhardt zog damals gleich nach und spielte die Molche aus: Die größten Kritiker der Molche waren früher eben solche; aber ich war erster, und außerdem hatten die Molchstrophen so viele „o". Und Molchkritik – das ist ein Kapitel für sich.

An seinem bescheidenen Grab unweit der Brüder Grimm werden gerne von seinen Verehrern als Devotionalien Zeichenstifte in allen möglichen Farben hinterlassen.

43 August Kiß (oder Kiss)

geboren 11. Oktober 1802 Paprotzan/Schlesien
gestorben 24. März 1865 Berlin
Grablage: D-WE-045/047

Mit höchster Kraftanstrengung führt sie den Speer gegen den Angriff des wilden Panthers, die Amazone, die heute auf der Treppenwange des Alten Museums zu Pferde reitet. Dieses Werk von 1839 ist das bekannteste und möglicherweise gelungenste Standbild des Bildhauers, der viele weitere Bronzen geschaffen hat.

Dazu zählt auch der Heilige Georg im Kampf mit dem Drachen, der heute im Nikolaiviertel sein Schwert schwingt. Diese Skulptur widmete 1849 König Friedrich Wilhelm IV. seinem Bruder Wilhelm (dem späteren deutschen Kaiser) für seine Verdienste bei der Niederschlagung der Märzrevolution von 1848. Wilhelm kämpfte allerdings nicht mit dem Schwert, sondern mit wirkungsvolleren Waffen gegen die Demokraten, worauf sein Beiname „Kartätschenprinz" hindeutet.

44 Ferdinand Streichenberg-Scharmer

geboren 28. April 1838 London
gestorben 2. August 1856 Berlin
Grablage: D-S-024/025

Nur wenige Wochen nach der Eröffnung des Friedhofs stirbt der junge Ferdinand. Damit ist dieses Grabmal das älteste, das hier steht. Es ist gleichzeitig eines der künstlerisch wertvollsten Anlagen, Experten stufen es als eine Inkunabel der Neugotik ein.

Es handelt sich um eine Stele mit Kreuz aus Marmor in der Form eines gotischen Wegekreuzes, die mit reichlich Todessymbolen wie Eiche, Lorbeer und Mohn geschmückt ist. Auf den Säulenkonsolen stehen vier Figuren für Geographie, Musik, Literatur und Malerei. Ob es sich hierbei um die Berufswünsche des jungen Mannes handelt, entzieht sich unserer Kenntnis.

Denn die Friedhofsakten geben lediglich her, dass das Gedenkkreuz von August Streichenberg geschaffen wurde, möglicherweise einem Onkel des Verstorbenen; dieser ist auch auf diesem Friedhof bestattet (siehe Station 8).

Als Erwerber der Grabstätte findet man einen Carl Friedrich Albert Streichenberg, möglicherweise den Vater. Mit diesen dürren Daten muss man sich zufrieden gaben, denn in den seltensten Fällen sind Friedhofs-akten älteren Datums erhalten geblieben.

45 Friedrich Drake

geboren 23.Juni 1805 Pyrmont
gestorben 6. April 1882 Berlin
Grablage: D-O-035

Er war ein großer und großartiger Vertreter der Berliner Bildhauerschule. Er war Schüler von Christian Daniel Rauch (1777-1857), dem berühmten Schöpfer des Reiterstandbildes von Friedrich II. Unter den Linden. Drakes Werk ist umfangreich, sein Standbild Alexander von Humboldts schaffte es sogar bis Philadelphia/USA.

Seine berühmteste Arbeit ist allerdings die vergoldete Bronze-Viktoria, die die 1873 eröffnete Siegessäule krönt und an die siegreichen preußischen Kriege erinnerte. Heute wird sie zum Friedensengel umgedeutet und von den Berlinern respektlos „Gold-Else" genannt.

Diese Else oder Viktoria – wie auch immer – forderte die Berlinerinnen und Berliner schon bei ihrer Eröffnung zum Kalauern heraus. Als ein Passant vermutet, dass dieses Kunstwerk von Christian Daniel Rauch stammt, kommt prompt als Antwort:

Also von Rauch ist diese
Viktoria nicht. –
Nee, denn die Siegessäule is
ja ooch keen Schornstein.

Friedrich Drake in seinem Atelier,
Illustration in der Gartenlaube, 1869

Quellen

Barthelmeus, Karl-Heinz: Gräber, Gründer und Gelehrte. Der Alte St. Matthäus-Kirchhof. Ein Archiv der Stadtgeschichte. Christian Simon Verlag. Berlin 2006

Hammer, Konrad Jule, Siegfried Kiok und Kurt Pomplun: Pleite 73. Glanz und Elend der Gründerkönigs Dr. Strousberg. Berliner Festwochen 1973

Krauss, Edith: „Aus dem Hirschberger Tal kommen immer die romantischsten Geschichten..." Zu einer Grabstelle auf dem Alten St.-Matthäi-Kirchhof in Berlin. In: Fontane Blätter 67/1999, S. 201-210

Krieger, Karsten (Hrsg.): Der „Berliner Antisemitismusstreit" 1879-1881: Eine Kontroverse um die Zugehörigkeit der deutschen Juden zur Nation. Kommentierte Quellenedition. Berlin 2003

Mende, Hans-Jürgen: Alter St. Matthäus-Kirchhof. Ein Friedhofsführer. Christian Simon Verlag. 2. Auflage 2006; 4. Auflage, Berlin 2012

Mende, Hans-Jürgen: Lexikon Berliner Begräbnisstätten. Ein sozial- und kunsthistorischer Wegweiser zu allen Berliner Kirch- und Friedhöfen und Grabstätten bekannter Persönlichkeiten. Pharus-Plan. Berlin 2018

Wilhelm, Fred und Hildegund Wolff: Alter St.-Matthäus-Kirchhof Berlin. Rundgang zu den Gräbern bekannter Persönlichkeiten und zu kulturhistorisch bedeutenden Grabmalen. Ev. Kirchengemeinde St. Matthäus.3. erweiterte und überarbeitete Auflage, Berlin 1989

Personenregister

Praktische Informationen

Alter St.-Matthäus-Kirchhof
Großgörschenstraße 12-14
10829 Berlin-Schöneberg

Kirchhofsbüro: 030/781 18 50
info@zwoelf-apostel-berlin.de
kirchhoefe@zwoelf-apostel-berlin.de

S- und U-Bahnhof Yorckstraße (Großgörschenstraße)

https://zwoelf-apostel-berlin.de/page/2327/alter-st-matthäus-kirchhof

Kirchhofsverwaltung:
Kolonnenstraße 24-25
10829 Berlin
Tel.: 030 / 781 18 50
Fax: 030 / 788 34 35

Das Führen von Hunden ist auf dem Gelände nicht gestattet.

Zum Verhältnis zur Zwölf-Apostel-Gemeinde:

In südlicher Nachbarschaft zur St.-Matthäus-Gemeinde wurde im Jahr 1863 die Zwölf-Apostel-Gemeinde gegründet. Einige Jahre später bezog diese Gemeinde ihre Kirche in der Nähe des Nollendorfplatzes und legte den Zwölf-Apostel-Kirchhof an der Kolonnenstraße an.

Im Jahr 2000 ging die St.-Matthäus-Gemeinde mit ihrem alten Kirchhof in die Zwölf-Apostel-Gemeinde auf. Seitdem unterhält und verwaltet sie beide Kirchhöfe.

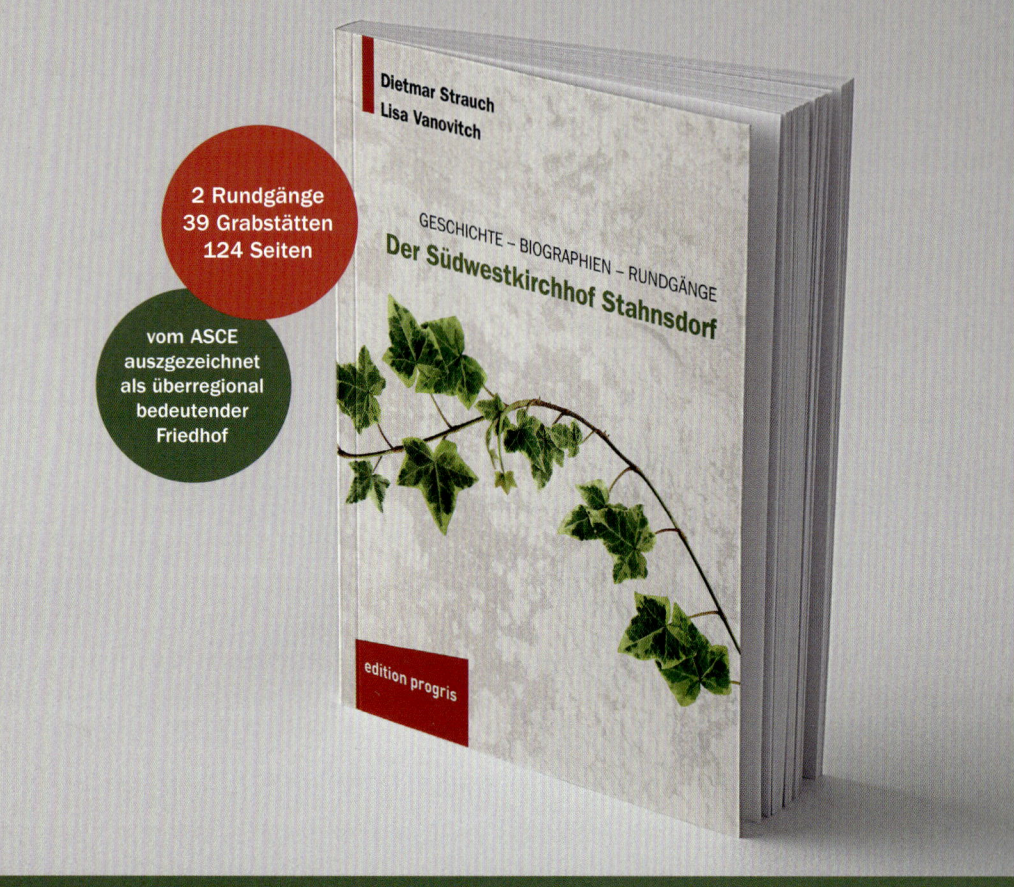

2 Rundgänge
39 Grabstätten
124 Seiten

vom ASCE
auszgezeichnet
als überregional
bedeutender
Friedhof

Dietmar Strauch
Lisa Vanovitch

GESCHICHTE – BIOGRAPHIEN – RUNDGÄNGE
Der Südwestkirchhof Stahnsdorf

edition progris

DER SÜDWESTKIRCHHOF STAHNSDORF

Dietmar Strauch und Lisa Vanovitch

Der Südwestkirchhof ist einer der schönsten
und bedeutendsten Friedhöfe Deutschlands.
Genießen Sie den Park bei einem Spaziergang
und erfahren Sie mit diesem Begleitbuch mehr
über die hier Bestatteten.

„Nicht alle sind tot, die begraben sind."

10 €
erhältlich im
Infohäuschen
und auf
lesen-lokal.de

edition progris

2 Rundgänge
160 Biogramme
164 Seiten

DER BERLINER WALDFRIEDHOF HEERSTRASSE

Dietmar Strauch

Der Waldfriedhof Heerstraße hat sich den Ruf eines „Prominentenfriedhofs" erworben. In kurzen Biogrammen werden mehr als 160 hier bestattete Berlinerinnen und Berliner vorgestellt.

edition progris

Dietmar Strauch

12 Kapitel
80 Gräber
216 Seiten

BERLINER
GRÄBER

DIE ES IN SICH HABEN

edition
progris

BERLINER GRÄBER,
DIE ES IN SICH HABEN

Dietmar Strauch

Die nahezu 200 Friedhöfe in Berlin erzählen uns Geschichte
und Geschichten und sind zum Flanieren bestens geeignet. Aus
welchem Grab wurde nachts bei einer „Schwarzen Messe" der Kopf
geklaut? Wessen Ehefrau erlag nach dem Auffliegen einer Affäre
einem Brustschuss? Und warum scheint ein Grabstein einem
„Arsch mit Ohren" zu ähneln?
Dieses Buch lässt die Grabsteine reden, mal heiter, mal skurril, mal
ernst ... über Frauen und Männer, die in Berlin bestattet wurden
und wegen ihres außergewöhnlichen Lebensweges oder Schicksals
nicht in Vergessenheit geraten sollten.

18 €
erhältlich
in ihrem
Buchladen
und auf
lesen-lokal.de

edition
progris

Bibliographische Information:
Die Deutsche Nationalbibliothek verzeichnet diese Publikation
in der Deutschen Nationalbibliografie; detaillierte bibliografische Daten
sind im Internet über https://portal.dnb.de/ abrufbar.

1. Ausgabe
© 2023 by edition progris
Heidekampweg 17
12437 Berlin
www.edition-progris.de

edition progris ist Mitglied der Verlagskooperation lesen lokal:
www.lesen-lokal.de | Wir machen die Bücher aus Berlin und Brandenburg.

Autor: Dietmar Strauch
Lektorat: Manuel Lindinger
Korrektorat: Roswitha Siedelberg
Satz und Fotos der Grabsteine: Lisa Vanovitch
Printed in Germany
Alle Rechte vorbehalten

Klimaneutral gedruckt.
Der Umwelt zuliebe wurde bei der Herstellung dieses Buches verzichtet auf umwelt-,
wasser- und gesundheitsgefährdende Chemikalien, auf mineralölhaltige bzw.
schadstoffreiche Druckfarben und auf Einschweißfolien.

ISBN: 978-3-88777-058-7

Spaziergang B

26. Dieser Rundgang beginnt ebenfalls vor der Friedhofskapelle, aber auf der rechten Seite. Hinter einer Hecke finden wir den kleinen Grabstein der Sex-Aktivistin **Helga Goetze**.

27. Den Weg weitergehend im zweiten Feld befindet sich die bescheidene Grabplatte der Verlegerin **Gudula Lorez**.

28. Aufwärts in der Grabreihe an der Westwand befindet sich das Grab des Verlegers **Paul Parey**.

29. Einige Wandgräber weiter begegnet man dem Anti-Aids-Aktivisten **Napoleon Seyfahrt**.

30. Nun überqueren wir das Feld in Richtung der mittleren Grabwand und finden den Grabstein des Bildhauers **Gustav Eberlein**.

31. Dicht daneben steht die Grabsäule der Frauenrechtlerin **Minna Cauer**.

32. Am Ende des Feldes stoßen wir auf das Grab des Historikers und berüchtigten Antisemiten **Heinrich von Treitschke**.

33. Wieder auf der gegenüber liegenden Seite steht das Wandgrab des Militärs **Cölestin von Zitzewitz**.

34. Ganz oben in der Friedhofsecke finden wir das Mausoleum von **Carl Bolle**, dem „Bimmel-Bolle".

35. Auf der Rückwand der mittleren Grabreihe steht die Anlage des Vereins **„Denk mal positHIV"**.

36. Die Reihe der Mausoleen beginnt mit der Anlage aus rotem Backstein für den Hofküchenmeister **Johann Gottfried Schwimmer**.

37. Daneben steht das Mausoleum für die Bauunternehmer **Christian und Oscar Krause**.

38. Zwei Stellen weiter befindet sich die klassizistische Grabkapelle des Chemikers **Eilhard Mitscherlich**.

39. Schräg gegenüber fällt die größte Grabanlage des Friedhofs für den Bankier **Adolph von Hansemann** ins Auge.

40. Links daneben stehen die fünf Grabsteine für die **Brüder Grimm** und deren Familienmitglieder.

41. Davor steht die auffällige Skulptur, die zum Grab des Dramatikers **Rolf Hochhuth** gehört.

42. Nahe der Rückseite der Hansemann-Anlage liegt der Grabstein des Satirikers **F. W. Bernstein**.

43. Etwas weiter abwärts in der mittleren Gräberwand liegt die Grabplatte des Bildhauers **August Kiß**.

44. Gegenüber kurz vor dem Hauptweg steht das älteste Grabmal für **Ferdinand Streichenberg-Scharmer**.

45. Den Hauptweg hinuntergehend erreichen wir das Ende dieses Rundgangs bei **Friedrich Drake**, dem Schöpfer der „Gold-Else" auf der Siegessäule.